高等学校财经类专业实践系列教材

出纳理论与实务

◎主　编　韦绪任　于　洋　于中海
◎副主编　张安邻　郭　钊　刘会云
◎参　编　刘黎雯雯　文成卫
　　　　　胡　境　李　竹　施　静

西安电子科技大学出版社

内 容 简 介

  本书根据《中华人民共和国会计法》《会计基础工作规范》《中华人民共和国票据法》《支付结算办法》等法律法规的要求，将出纳岗位的要求与实际工作相结合，以培养学生的出纳业务能力为核心，以项目为依托，以任务为驱动，详细介绍了出纳工作与出纳人员、出纳专业技能与应用、现金结算业务办理与应用、银行结算业务办理与应用、出纳报表编制与应用、出纳工作交接与应用、出纳综合业务训练共七个项目，前六个项目中每个项目分解为若干任务，配备了丰富的习题与实训，能有效提高学生的操作能力。

  本书的读者对象为高等院校财会相关专业的学生和准备从事出纳工作的人员以及在职出纳人员。

图书在版编目（CIP）数据

出纳理论与实务 / 韦绪任，于洋，于中海主编. —西安： 西安电子科技大学出版社，2023.3
ISBN 978-7-5606-6768-3

Ⅰ.①出… Ⅱ.①韦… ②于… ③于… Ⅲ.①出纳—会计实务 Ⅳ.①F233

中国国家版本馆 CIP 数据核字 (2023) 第 018024 号

策　　划	刘玉芳　刘统军
责任编辑	刘玉芳
出版发行	西安电子科技大学出版社(西安市太白南路 2 号)
电　　话	(029)88202421　88201467　　　　　邮　编　710071
网　　址	www.xduph.com　　　　　　　　电子邮箱　xdupfxb001@163.com
经　　销	新华书店
印刷单位	陕西天意印务有限责任公司
版　　次	2023 年 3 月第 1 版　　2023 年 3 月第 1 次印刷
开　　本	787 毫米 × 1092 毫米　1/16　　　印 张　13.5
字　　数	287 千字
印　　数	1～3000 册
定　　价	38.00 元

ISBN 978-7-5606-6768-3 / F

XDUP 7070001-1

如有印装问题可调换

前　言

"出纳理论与实务"是财会类专业学生的基础必修课程，通过对该课程的系统学习，中职、高职高专学生可以掌握出纳的基本理论、基本方法和基本操作技能。

本书具有以下三个特点：

1. 创新性

本书以最新修订的《中华人民共和国会计法》《会计基础工作规范》《中华人民共和国票据法》《支付结算办法》等法律法规为依据，结合企业出纳工作的特点和基本内容，融入企业出纳知识、会计基础理论与方法等，使学生能够接触更多的前沿知识。

2. 基础性

本书运用出纳的基本原理与方法，采用通俗易懂的语言和案例，框架化、系统化地展开教学内容，旨在培养学生扎实的理论基础、过硬的操作技能，使理论与实训深度融合。

3. 实践应用性

本书融入丰富的实践案例资料，结合企业出纳工作的内容和流程，由浅入深，通俗易懂，凸显了实践应用性。

本书共有七个项目，分别是：出纳工作与出纳人员、出纳专业技能与应用、现金结算业务办理与应用、银行结算业务办理与应用、出纳报表编制与应用、出纳工作交接与应用和出纳综合业务训练。

韦绪任担任本书第一主编，于洋担任第二主编，于中海担任第三主编。本书项目三、四、七由韦绪任编写；项目一由于洋编写；项目二由于中海编写，项目五和项目六由张安邻、郭钊、刘会云、刘黎雯雯、文成卫、胡境、李竹、施静共同编写。韦绪任负责全书的统稿工作。

本书在编写过程中参考了大量国内外有关专家、学者的论著、教材，吸收了一些最新的研究成果，在此表示衷心的感谢。

由于编者水平有限，书中难免存在不足之处，恳请广大读者和同行批评指正，以便再版时进一步修订和完善。编者邮箱 362378429@qq.com。

编　者

2022 年 12 月

目 录
Contents

▶ 项目一　出纳工作与出纳人员

▼ 学习目标

★ 了解出纳工作的概念、特点及职能，出纳人员的概念及配备；
★ 理解出纳人员应具备的素质、职责与权限，出纳人员工作的具体流程；
★ 掌握出纳工作的内容及要求、出纳与会计的关系。

▼ 案例导入

文贞同学是某高校 2020 届财经类专业的一名毕业生，想去贵州聚贤启航企业管理有限公司应聘一份会计工作，不料公司老板却告诉她会计工作人员已招满，公司正缺一名出纳，老板想让文贞同学承担出纳工作。文贞同学认为出纳工作就是会计工作，与会计工作没有什么区别，于是便与公司签订了劳动合同。你认为文贞同学的想法对吗？那就让我们一起来学习吧！

▼ 思维导图

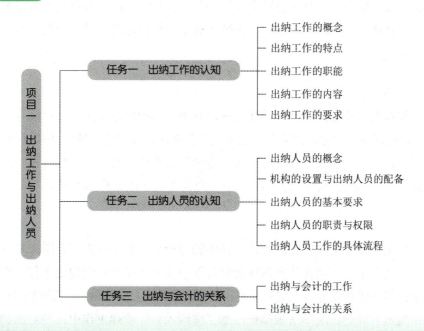

项目一 出纳工作与出纳人员

任务一　出纳工作的认知
- 出纳工作的概念
- 出纳工作的特点
- 出纳工作的职能
- 出纳工作的内容
- 出纳工作的要求

任务二　出纳人员的认知
- 出纳人员的概念
- 机构的设置与出纳人员的配备
- 出纳人员的基本要求
- 出纳人员的职责与权限
- 出纳人员工作的具体流程

任务三　出纳与会计的关系
- 出纳与会计的工作
- 出纳与会计的关系

任务一　出纳工作的认知

"出纳"是会计学中的一个专有名词,就字面意思而言,"出"意为支出,"纳"意为收入。出纳包括两层意思:一是指出纳工作,二是指出纳人员。

一、出纳工作的概念

出纳工作是按照有关规定和制度办理本单位的货币资金、票据、有价证券的收付与银行结算业务,保管财务专用章、法人章,登记现金及银行存款日记账等工作的总称。从广义上讲,货币资金、票据、有价证券的收付、保管及核算都属于出纳的工作范畴。从狭义上讲,出纳工作仅指单位内部财务部门专设出纳岗位或人员的各项工作。

二、出纳工作的特点

实务中,每一项工作都有自身的特点和工作规律。出纳属于会计工作的重要组成部分,具有一般会计工作的属性;但出纳同时又是一个专门的岗位、一项专门的技术,具有自己的工作特点。出纳工作的特点主要包括以下四个方面:

(一)社会性

出纳担负着一个单位货币资金的收付、存取任务,而这些任务的完成是置身于整个社会经济活动的大环境之中的,是和整个社会的经济运转相联系的。只要这个单位发生经济活动,就必然要求出纳人员与社会发生经济关系。实务中,出纳人员要了解国家有关财会政策法规并参加这方面的培训和学习,出纳人员要经常往返银行等。因此,出纳工作具有广泛的社会性。

(二)专业性

出纳工作作为会计工作的一个重要部分,有着专门的操作技术和工作规则。例如,凭证如何填,日记账怎样登记,保险柜怎么使用与管理等,都有专门的方法和要求。实务中,做好出纳工作,一方面要求出纳人员经过一定的职业教育,另一方面需要出纳人员在实践中不断积累经验,熟练使用现代化办公工具,全面掌握出纳工作的要领。

(三)政策性

出纳工作是一项政策性很强的工作,其中的每一个环节都应当按照国家相关法律法规的规定进行。实务中,出纳人员办理现金收付要按照国家现金管理规定进行,办理银行结算业务要根据国家银行结算办法进行。《中华人民共和国会计法》(以下简称《会计法》)《会计基础工作规范》等会计法律法规都把出纳工作纳入会计管理工作中,并对出纳工作提出了具体规定和要求。实务中，出纳人员不掌握会计方面的政策法规，就难以做好出纳工作；出纳人员不按照会计政策法规办事，就很有可能违反财经纪律。

（四）时间性

出纳工作具有很强的时间性。出纳人员何时发放职工工资，何时核对银行对账单等，都有严格的时间要求。实务中，出纳人员办理业务，心里应有个时间表，应当严格按照预定的时间完成，提高工作效率，保证出纳工作的质量。

三、出纳工作的职能

出纳工作属于会计工作的一个重要组成部分。总体而言，出纳工作的职能可以概括为收付、反映、监督和管理四个方面。

（一）收付职能

实务中，收付职能是出纳工作最基本的职能。企业在日常经营活动中离不开货物价款的收付、往来款项的收付，也离不开各种有价证券以及金融业务往来的办理。这些业务往来产生的现金、票据与金融证券的收付和办理，以及银行存款收付业务的办理，都必须经过出纳人员之手。

（二）反映职能

实务中，出纳需要将统一的货币作为计量单位，通过其特有的现金与银行存款日记账、有价证券的各种明细分类账，对本单位的货币资金和有价证券进行详细记录与核算，为经济管理和投资决策提供所需的完整、系统的经济信息。

（三）监督职能

实务中，出纳工作是监督本单位经济业务的最后一道屏障，只有经过出纳人员严格审核并确认无误的经济业务，才能够办理款项的收付、有价证券的交接等。出纳工作的监督包括事前、事中、事后监督，贯穿于经济活动的全过程，其监督的内容是货币资金收付、有价证券交接等业务的合法性、合理性和有效性。

（四）管理职能

实务中，出纳工作具有一定的管理职能，具体表现为对货币资金与有价证券进行保管，对银行存款和各种票据进行管理，对企业资金的使用效益进行分析研究，为企业投资决策提供金融信息，甚至直接参与企业的方案评估、投资效益预测分析等。

四、出纳工作的内容

出纳工作主要包括货币资金核算、往来结算、工资核算、货币资金收支的监督等。

（一）货币资金核算

出纳工作的货币资金核算工作主要包括两个方面：一是日常货币资金收支业务的办理；二是上述收支业务的账务核算。具体而言，本项工作主要包括以下六个方面：

1. 做好现金收付的核算

出纳人员严格按照国家有关现金管理制度的规定，根据稽核人员审核签章的收付款凭证进行复核，办理款项收付；对于重大的开支项目，必须经过会计主管人员、总会计师或单位领导审核签章，方可办理；收付款后，要在收付款凭证上签章，并加盖"收讫""付讫"戳记。

2. 做好银行存款收付的核算

出纳人员严格按照银行《支付结算办法》的具体规定，按照审核无误的收入与支出凭证进行复核，办理银行存款的收付；严格控制签发空白支票，当因特殊原因确实需要签发不填写金额的转账支票时，必须在支票上写明收款单位名称、款项用途、签发日期、规定限额和报销期限，并由领用支票人在专设登记簿上签章。实务中，逾期未用的空白支票应交给签发人，对于填写错误的支票，必须加盖"作废"戳记，与存根一并保存；支票遗失时要立即向银行办理挂失手续，不准将银行账户出租、出借给任何单位或个人办理结算。

3. 认真登记日记账，保证日清月结

出纳人员根据已经办理完毕的收付款凭证，逐笔序时登记现金和银行存款日记账，并结出余额；及时把银行存款的账面余额与银行对账单核对，确保账证、账账、账实相符，如发现账实不符，编制银行存款余额调节表，进一步核对账实是否相符。

4. 保管库存现金和有价证券

出纳人员对现金和各种有价证券，要确保其安全和完整无缺；确保库存现金不得超过银行核定的最高限额，超过部分要及时存入银行；不得以"白条"充抵现金，更不得任意挪用现金；发现库存现金有短缺或盈余，应查明原因，根据情况分别处理，不得私下取走或补足现金；对于单位保险柜密码、开户账号及取款密码等，不得泄露，更不能任意转交他人。

5. 保管有关印章，登记注销支票

出纳人员应当妥善保管有关印章，严格按照规定用途使用。签发支票使用的各种印章，不得全部交由出纳人员保管。实务中，单位财务专用章由财务主管保管，法人代表私章由出纳人员保管。对于空白收据和空白支票，必须严格管理，专设登记簿登记，认真办理领用注销手续。

6. 复核收入凭证，办理销售结算

出纳人员应当认真审查销售业务的有关凭证，严格按照销售合同和银行结算制度，及

时办理销售款项的结算，催收销售货款；发生销售纠纷，货款被拒付时，要通知有关部门及时处理。

（二）往来结算

1. 办理往来结算

企业办理的现金往来结算业务主要包括企业与内部核算单位和职工之间的款项结算、企业与外部单位不能办理转账手续时的款项结算、企业与个人之间的款项结算、低于结算起点的小额款项结算、根据规定可用于其他方面的结算。实务中，企业对购销业务以外的各种应收、暂付款项，要及时催收结算；对应付、暂收款项，要抓紧清偿；对确实无法收回的应收账款和无法支付的应付账款，应查明原因，按照规定报经批准后处理。

2. 管理企业的备用金

实行备用金制度的企业，应当加强管理，核定备用金定额，及时办理领用和报销手续。对预借的差旅费，出纳人员要督促及时办理报销手续，收回余额，不得拖欠，不准挪用。企业应建立其他往来款项清算手续制度。

3. 核算其他往来款项，防止坏账损失

出纳人员对企业购销业务以外的各种往来款项，应当按照单位和个人分户设置明细账，根据审核后的记账凭证逐笔登记，并经常核对余额；对发生时间较长的应收款项，应当抓紧催收，减少坏账发生的概率，减少坏账损失。

（三）工资核算

1. 执行工资计划，监督工资使用

出纳人员根据企业高层批准的工资计划，会同企业人事管理部门，严格按照规定支付工资和奖金；根据企业工资相关资料分析工资计划的执行情况；对于违反工资政策，滥发津贴、奖金的，要予以制止并向领导报告。

2. 审核工资单据，发放工资奖金

出纳人员根据实有职工人数、工资等级和工资标准，审核工资奖金计算表，办理代扣款项，计算实发工资；按照车间和部门归类，编制工资、奖金汇总表，填制记账凭证，经审核后，会同有关人员提取现金并组织发放。以现金发放的工资和奖金，应当由领款人签名或盖章；发放完毕，要及时将工资和奖金计算表附在记账凭证后或单独装订成册，并注明记账凭证编号，妥善保管。

3. 负责工资核算，提供工资数据

出纳人员按照企业职工工资总额的组成和支付工资的来源进行明细核算；根据企业管理的要求，编制有关工资总额报表，为信息使用者提供工资数据。

（四）货币资金收支的监督

实务中，企业在货币资金收支过程中会面临很多影响因素，为了保证货币资金收支的安全，出纳人员必须对其实施有效的监督。出纳监督实际上是根据国家有关的法律法规和企业的规章制度，在维护财经纪律、执行会计制度的工作权限内坚决抵制不合法的收支和弄虚作假的财务行为。出纳在办理现金和银行存款等具体业务时，应当严格按照财经法规进行，违反规定的业务一律拒绝办理；随时检查和监督财经纪律的执行情况，以保证出纳工作的合法性、合理性，保护企业的经济利益不受侵害。

五、出纳工作的要求

实务中，企业出纳工作的基本原则主要指内部牵制原则，即钱账分管原则。

钱账分管原则，是指凡是涉及款项和财物收付、结算及登记的任何一项工作，必须由两人或两人以上分工办理，以起到相互制约的作用。例如，现金和银行存款的支付应当由会计主管人员或其授权的代理人审核、批准，出纳人员付款，记账人员记账；发放工资应当由工资核算人员编制工资单，出纳人员向银行提取现金和发放工资，记账人员记账。实务中，企业实行钱账分管，主要是为了加强对会计人员的管理，便于进行相互制约、相互监督、相互核对，提高会计核算质量，防止工作误差和营私舞弊等行为。

我国《会计法》明确规定，出纳人员不得兼任稽核，会计档案保管，收入、支出、费用、债权债务账目的登记工作。这是由于出纳人员是专门从事货币资金收付业务的人员，根据复式记账原则，每发生一笔货币资金收付业务，必然引起收入、支出、费用或债权债务等账簿记录的变化，或者说每发生一笔货币资金收付业务都要登记收入、支出、费用或债权债务等有关账簿，如果这些账簿登记工作都由出纳人员办理，则会给其贪污舞弊行为以可乘之机。同理，如果稽核、内部档案保管工作也由出纳人员经管，也难以防止其利用抽换单据、涂改记录等手段进行舞弊的行为。当然，出纳人员不是完全不能记账，只要所记的账不是收入、支出、费用、债权债务方面的账目，是可以承担一部分记账工作的。

总之，钱账分管原则是出纳工作的一项重要原则，企业应当建立健全钱账分管制度，防止营私舞弊行为的发生，维护企业的财产安全。

任务二　出纳人员的认知

出纳人员是专门从事货币资金收付的工作人员，如果工作过程出现了差错，就会造成一定的经济损失，甚至是不可挽回的经济损失。

一、出纳人员的概念

从广义上讲，出纳人员既包括会计部门的出纳工作人员，也包括业务部门的各类收款员。从工作内容、方法、要求以及本身应具备的素质等方面看，收款员与会计部门的专职出纳人员有很多相同之处。实务中，收款员的主要工作是：办理货币资金和各种票据的收入，保证经手的货币资金和票据的安全与完整；填制和审核许多原始凭证。他们同样直接与货币打交道，除了要有过硬的出纳业务知识以外，还必须具备良好的财经法纪素养和职业道德修养。与出纳人员不同的是，收款员一般工作在经济活动的第一线，办理各种票据和货币资金的收入。另外，收款员的工作过程实际上是收入、保管、核对与上交，一般不专门设置账户进行核算。因此，收款员可以看成出纳（会计）机构的派出人员，是企业出纳工作队伍中的一员。狭义的出纳人员仅指财务部门的出纳人员。

二、机构的设置与出纳人员的配备

（一）机构的设置

出纳机构一般设置在会计机构内部，如企业的财会部设置专门处理出纳业务的出纳组、出纳室。我国《会计法》规定，各单位应当根据会计业务的需要，设置会计机构，或者在有关机构中设置会计人员并指定会计主管人员；不具备设置条件的，应当委托经批准设立从事会计代理记账业务的中介机构代理记账。实务中，企业可以根据单位规模大小和货币资金管理的要求，结合出纳工作的繁简程度来设置出纳机构。以工业企业为例，大型企业可在财务处下设出纳科，中型企业可在财务科下设出纳室，小型企业可在财务股下配备专职出纳人员。有些企业为了资金的有效管理和总体利用效益，把若干分公司的出纳业务（或部分出纳业务）集中起来办理，成立专门的内部"结算中心"，这种"结算中心"实际上也是出纳机构。

（二）出纳人员的配备

实务中，实行独立核算的企业应当配备专职或兼职的出纳人员担任本单位的出纳工作。出纳人员配备多少，主要决定于企业出纳业务量的大小和繁简程度，既要满足出纳工作量的需要，又要避免徒具形式、人浮于事的现象。企业可以采用一人一岗、一人多岗、一岗多人的设置方式。其中，一人一岗适用于规模不大的企业，由于出纳工作量不大，因此可以设专职出纳人员一名。一人多岗适用于规模较小的企业，由于出纳工作量较小，因此可以设兼职出纳人员一名。无条件单独设置会计机构的单位，至少要在有关机构中配备兼职出纳人员一名。但是，兼职出纳不得兼管收入、费用、债权债务账目的登记工作及稽核工作和会计档案保管工作。一岗多人适用于规模较大的企业，由于出纳工作量较大，因此可以设多名出纳人员，如分设管理收付的出纳人员和管账的出纳人员，或分设现金出纳人员和银行结算出纳人员等。

三、出纳人员的基本要求

出纳人员直接掌管一个企业的现金和银行存款，每天都要与成千上万的金钱打交道。因此，企业对出纳人员的综合素质要求都比较高。那么，要想成为一名合格的出纳人员应该符合哪些基本要求呢？

（一）基本资格要求

出纳人员和所有的会计人员一样，原则上要求持有我国财政部门颁发的资格证（即初级会计证）上岗，未取得资格证书的人员不得从事出纳工作。实务中，有部分工作人员具备出纳工作要求的基本技能和职业素养，虽然没有获得相应的资格证书，但在企业的聘任下可以从事出纳岗位的工作。

（二）基本素质要求

1. 良好的职业道德

(1) 爱岗敬业。爱岗敬业是会计职业道德的基础。出纳人员应当热爱本职工作，要有不厌其烦的劳动态度，全身心投入会计事业，兢兢业业，努力钻研业务，勤学多思，勤练多问，使自己的知识和技能适应所从事工作的要求。

(2) 廉洁自律。廉洁自律是会计职业道德的前提。由于工作的特殊性，出纳人员每天都和货币资金打交道，因此，出纳人员必须具备良好的职业道德，树立正确的人生观和价值观，遵纪守法，清正廉洁，公私分明，不贪不占，保持廉洁自律的优秀品质。

(3) 客观公正。出纳人员在工作过程中，必须遵守各种纪律、法规、准则和制度，依法办事，并保持客观公正的态度，保证提供的会计信息合法、真实、准确、及时。同时，出纳人员在自己的工作权限内，坚持原则，正确处理国家、单位和个人的利益关系，自觉抵制各种不正之风，保护单位合法权益不受侵犯。

(4) 强化服务。出纳人员要树立服务的思想意识，在处理各种出纳业务时，应尽量做到尊重、原则、主动、热情、耐心、周到。其中，尊重就是在工作中尊重他人，尊重同事，虚心向同事学习、请教，重视同事的感受。原则就是要有原则地完成领导交给的各项任务，遇到自己无法解决的问题应及时向领导请示，对工作认真负责，不把责任推给他人。主动就是要主动与他人打招呼，主动询问他人的需要。热情就是要在处理出纳业务时态度和蔼，语言亲切。耐心就是耐心回答他人提出的问题，不计较他人的态度好坏和语言的轻重。周到就是尽一切可能为他人提供优质的服务。

(5) 保守秘密。出纳人员应当保守本单位的商业秘密，除法律规定和单位同意外，出纳人员不得私自向外界提供或泄露本单位的会计信息。

(6) 清正廉洁。清正廉洁是出纳人员的立业之本，是出纳人员职业道德的首要方面。出纳人员掌握着一个单位的现金和银行存款，若要把公款据为己有或挪作私用，均有方便的条件和较多的机会。同时，外部的经济违法分子也往往会在出纳人员身上打主意，施以小惠，拉其下水。因此，出纳人员在工作中应当保持清正廉洁，自觉抵制不正之风。

(7) 坚持原则。出纳人员肩负着处理各种利益关系的重任，只有坚持原则，才能正确处理国家、集体与个人的利益关系。在工作中，有时需要牺牲局部与个人利益以维护国家利益，有时需要为了维护法律、法规的尊严而去得罪同事和领导。因此，出纳人员在工作中应当坚持原则，在法律法规允许的范围内办理出纳业务。

2. 较强的政策水平

出纳工作的特点之一是其具有很强的政策性。所以，出纳人员要做好出纳工作，必须了解、熟悉和掌握国家有关会计、财税、金融法规和各项会计制度。出纳人员每天处理大量的税金、票据并进行收付结算，哪些结算方式不宜采用，哪些票据不能报销，哪笔金额不能支付等，都必须以有关的法规制度为依据。因此，作为一名出纳人员，要做好出纳工作，就必须加强学习，了解、熟悉、掌握现行的政策法规和各种会计制度，不断提高自己的政策水平，遵守财经纪律，遵守财务制度，明白自己哪些该干，哪些不该干，哪些该抵制，工作起来就得心应手，不犯错误，为企业把关守口。

3. 熟练的专业技能

出纳人员每天涉及大量的费用报销、票据签发和现金收付等事项，这就需要出纳人员具有较强的业务处理能力、较快的计算速度和较高的准确性。所以，出纳人员除了具备良好的职业道德和较强的政策水平外，还应当有过硬的专业技能，如汉字及阿拉伯数字的正确书写；算盘、计算器、电脑、点钞机的熟练操作；熟练签发票据、办理结算、报销费用等业务处理流程与要求。

要想当一名称职的出纳，除了要具备上述良好的职业道德、较强的政策水平、熟练的专业技能外，还要提高自身的综合素质，主要包括以下几个方面：

(1) 要有良好的工作态度与心态，诚实守信，关注细节，注重细节，做好细节工作。

(2) 在工作岗位上要为企业多思考，培养自己严谨的逻辑思维及敏锐、宽广的财务视野，将自己认为可以为企业创造更多价值的方式、想法与企业分享，真正做好企业的出纳，提高自身管理能力。

(3) 要有良好的人际交往能力及较强的办事能力，能很好地与单位其他部门、人员，与银行、税务等部门打交道。

四、出纳人员的职责与权限

明确出纳人员的职责与权限，是做好出纳工作最基本的条件。我国《会计法》《会计基础工作规范》等规定，出纳人员应当具有与职位相匹配的职责与权限。

（一）出纳人员的职责

实务中，出纳人员在工作中具有以下几个方面的职责：

(1) 按照国家有关现金管理和银行结算制度的规定，办理现金收付和银行结算业务。出纳人员应严格遵守现金开支范围，非现金结算范围不得用现金收付；遵守库存限额，超限额的现金按规定及时送存银行；现金管理要严格做到日清日结，账面余额与库存现金每日下班前应核对，发现问题，及时查对；企业银行存款日记账也要与银行对账单及时核对，如有不符，应当立即通知银行调整。

(2) 根据会计制度的规定，在办理现金和银行存款收付业务时，要严格核对有关原始凭证，再据以编制收付款凭证，然后根据所编制的收付款凭证按照时间先后顺序逐日逐笔地登记现金日记账和银行存款日记账，并结出余额。

(3) 按照国家外汇管理和结汇、购汇、付汇制度的规定及有关批件，办理外汇出纳业务。随着经济的发展，国际经济交往日益频繁，外汇出纳也越来越重要。所以出纳人员应熟悉国家外汇管理制度，及时办理结汇、购汇、付汇，避免外汇损失。

(4) 掌握银行存款余额，不准签发空头支票，不准出租、出借银行账户为其他单位办理结算。这是出纳人员必须遵守的一条纪律，也是防止经济犯罪、维护经济秩序的重要方面。出纳人员应严格遵守支票和银行账户的使用和管理，从出纳这个岗位上堵住结算漏洞。

(5) 保管库存现金和各种有价证券（如国库券、债券等）的安全与完整。出纳人员要建立适合本单位情况的现金和有价证券保管责任制，如发生短缺，属于出纳人员责任的要进行赔偿。

(6) 保管有关印章、空白收据和空白支票。印章、空白票据的安全保管十分重要，出纳人员必须高度重视，建立严格的管理办法。通常，单位财务公章和出纳名章要实行分管，交由出纳人员保管的出纳印章要严格规定使用用途，各种票据要办理领用和注销手续。

（二）出纳人员的权限

实务中，出纳人员在工作中具有以下几个方面的权限：

(1) 维护财经纪律，执行财会制度，抵制不合法的收支和弄虚作假行为。会计机构、会计人员对不真实、不合法的原始凭证，不予受理；对记载不准确、不完整的原始凭证，予以退回，要求更正、补充。会计机构、会计人员发现账簿记录与实物、款项不符的时候，应当按照有关规定进行处理；无权自行处理的，应立即向本单位领导人报告，请求查明原因，做出处理。

会计机构、会计人员对违法的收支，应当制止和纠正；制止和纠正无效的，应当向单位领导人提出书面意见，要求处理。单位领导人应当自接到书面意见之日起 10 日内做出书面决定，并对决定承担责任。会计机构、会计人员对违法的收支，不予制止和纠正，又不向单位领导人提出书面意见的，也应当承担责任。

对严重违反、损害国家和社会公众利益的收支，会计机构、会计人员应当向主管单位或者财政、审计、税务机关报告，接到报告的机关应当负责处理。

(2) 参与货币资金计划定额管理的权利。出纳人员每天都和货币资金打交道，在平日开展工作中必须严格遵守《现金管理暂行条例及实施细则》和《支付结算办法》。而在执行这些法规规定时，实际上就是赋予了出纳人员对货币资金管理的职权。例如，为加强现金管理，要求各单位的库存现金必须限制在一定的范围内，多余的要按规定送存银行。因此，出纳工作不是简单的货币资金的收付，不是无足轻重的点钞，而是一项重要的财务工作。

(3) 管好用好货币资金的权利。出纳人员掌握着本单位货币资金的来龙去脉及周转速度的快慢。因此，出纳人员应当充分发挥主人翁意识，为单位提出合理安排利用资金的意见与建议，及时提供货币资金的使用和周转信息，这也是出纳人员义不容辞的责任。出纳人员应抛弃被动工作观念，树立主动参与意识，把出纳工作放到整个会计工作、经济管理工作的大范围中，这样，既能增强出纳的职业光荣感，又为出纳工作开辟了新的视野。

五、出纳人员工作的具体流程

实务中，出纳人员工作的具体对象主要就是货币资金。所以，处理货币资金的收付业务就是出纳人员最主要、最核心的工作。因此，熟悉出纳工作的具体工作流程，是提高工作效率，保证工作质量的必要前提。

（一）出纳收付程序与规范

1. 货币资金收入的一般程序

(1) 清楚收入的来源和金额。出纳人员在收到每一笔资金之前，应当清楚地知道具体要收的金额是多少，向谁收钱，收什么性质的钱，再按照不同的情况进行分析处理。实务中，清楚收入的来源和金额主要包括以下几个方面：

① 确定收款金额。如为现金收入，出纳人员应考虑库存限额的要求及有关现金使用范围的规定。

② 明确付款人。出纳人员应当明确付款人的全称和有关情况，对于收到背书支票或其他代为付款的情况，应由经办人加以注明。

③ 收到销售或劳务性质的收入，出纳人员应当根据有关的销售（或劳务）合同确定收款额是否按协议执行，并对预收账款、当期实现的收入和收回以前欠款分别进行处理，保证账实一致。

④ 收回代垫、代付及其他应收、应付款。出纳人员应当根据账务记录确定其收款额是否相符，具体包括单位为职工代付的水电费、房租、保险金、个人所得税，职工的个人借款和差旅费借款，单位交纳的押金等。

(2) 清点收入的资金。出纳人员在清楚收入的金额和来源后，应当对收入的资金进行清点与核对。出纳人员在清点资金时，应当沉着冷静，不能只求"快"而不求"准"。实务中，清点收入的资金主要包括以下几个方面：

① 现金清点。现金收入应与经办人当面清点，如有短缺、假钞等特殊问题，应由经办人负责。出纳人员若未发现问题，损失由出纳人员负责。

② 银行核实。银行结算收入应由出纳人员与银行核对，如为电话询问或电话银行查询，只能作为参考。在取得银行有关的收款凭证后，出纳人员方可正式确认收入，进行账务处理。

③ 清点核对无误后，出纳人员按规定开具发票或内部使用的收据。如收入金额较大的，出纳人员应及时上报有关领导，便于资金的安排调度。手续完毕后，出纳人员在有关收款依据上加盖"收讫"或"现金收讫"或"银行收讫"章。

④ 如果清点核对并开出单据后，才发现现金短缺或假钞，应由出纳人员负责。

(3) 收入退回。如因特殊原因导致收入退回的（如支票印鉴不清或收款单位账号错误等），应当由出纳人员及时联系有关经办人或对方单位，重新办理收款。

(4) 把每日收到的现金送存银行，不得坐支现金。出纳人员应当在下班前，清点整理好收入的现金，并按照规定的程序送存银行，不准把收入的现金长时间滞留在财务部门。

2. 资金支出的一般程序

实务中，出纳人员办理资金支出的一般程序包括以下几个方面：

(1) 明确资金支出的金额和用途。出纳人员在办理资金支出业务时，应当明确以下几个方面的内容：

① 出纳人员每支付一笔资金时，一定要清楚知道所需支付的具体金额，然后进行合理安排，一般不办理数额大的现金支付业务，严格遵守国家关于现金使用范围的规定。多付或少付金额，差错由出纳人员负责。

② 明确收款人。出纳人员必须严格按合同、发票或有关依据上记载的收款人进行付款；对于代为收款的，应当出具收款人的证明材料并与原收款人核实后，方可办理付款手续。

③ 明确付款用途。对于不合法、不合理的付款应当坚决给予抵制，并向有关领导汇报，行使出纳人员的工作权力，用途不明的，出纳人员可以拒付。若支付无批准的借款或其他付款业务而引出的问题，由出纳人员自负。

(2) 付款审批。出纳人员在办理付款审批业务时，应当明确以下几个方面的内容：

① 由经办人填制付款单证，注明付款金额和用途，并对付款事项的真实性和准确性负责。

② 有关证明人的签章。经办人的付款用途中，涉及实物的，应当由仓库保管员或实物负责人签收；涉及差旅费、招待费等，应当有证明人或知情人加以证明。

③ 有关领导的签字。收款人持证明手续完备的付款单据，报有关领导审阅并签字，同意支付。

④ 到财务部办理付款。收款人持有关领导已签字的内容完整的付款单据，报经会计审核后，由出纳办理付款 (注意：有的单位是收款人持证明手续完备的付款单据到财务部交会计审核，待会计审核原始票据的真实性、合法性及具体金额无误签字后，再持付款单据报有关领导审阅并签字，最后由出纳办理付款)。

(3) 办理付款。付款是资金支出中最关键的一环，出纳人员应当特别谨慎，要认真仔细对待，因为款项一旦付出，发生差错是很难追回的，且差错是由出纳人员负主要责任。所以，出纳人员必须严格核实付款金额、用途和有关审批手续，主要包括以下几个方面的内容：

① 现金付款。双方应当面点清，在清点的过程中发现短缺、假钞等情况由出纳人员负责。

② 银行付款。开具支票时，出纳人员应认真填写各项内容，保证要素完整、印鉴清晰、书写正确，如为现金支票，应注明领票人的姓名、身份证号码及发证单位名称。办理转账或汇款时，出纳人员书写要准确、清晰、完整，保证收款人能按时收到款项。应注意，办理完汇款或转账后，出纳人员应及时将有关银行单据传真给收款人确认。

③ 付款金额双方确认后，由收款人签字并加盖"付讫"或"现金付讫"或"银行付讫"章。如为转账或汇款的，银行单据直接作为已付款证明。

④ 如确认签字后，再发现现金短缺或其他情况，应由收款经办人负责。

(4) 付款退回。如因特殊原因造成支票或汇票退回的，出纳人员应当立即查明原因，如因己方责任引起的，应换开支票或重新汇款，不得借故拖延；如因对方责任引起的，应由对方重新补办手续方可办理。

（二）出纳人员日常的工作安排

实务中，为了促进出纳工作有条不紊地进行，及时反馈信息，出纳人员应该合理安排日常工作，具体包括以下几个方面：

(1) 在上班第一时间，检查现金、有价证券及其他贵重物品。

(2) 列明当天应处理的事项，分清轻重缓急，根据工作时间合理安排。

(3) 如有特殊情况，应向有关领导及会计主管请示资金安排计划。

(4) 按上述程序办理各项资金收付业务，并把当天收到的现金送存银行，不得坐支现金。

(5) 当天下班前，要完成日记账的登记。登记日记账之前，要审核现金收付款凭证及银行存款收付款凭证。登记日记账时，应分清现金日记账还是银行存款日记账，避免张冠李戴。每日结出各日记账余额，以便随时了解单位资金运作情况，合理调度资金。

(6) 当天下班前，出纳人员应进行账实核对，必须保证现金实有数与日记账、总账相符。

收到银行对账单的当天，出纳人员要将银行存款日记账与银行对账单进行核实，使银行存款日记账、总账与对账单在进行余额调节后相符。

(7) 因特殊事项或情况，造成工作未完成的，应列明未尽事项，留待次日优先办理。

(8) 根据单位需要，每天或每周报送一次出纳报告。

(9) 每月终了 3 日内，出纳人员应当对其保管的支票、发票、有价证券、重要结算凭证进行清点，并按顺序进行登记核对。

任务三　出纳与会计的关系

出纳与会计都属于财务人员，二者的工作既有区别，同时也存在着许多必然的联系。

从人员关系上来讲，出纳人员与会计人员都属于一个独立核算单位的财务工作者，都处于要害工作岗位，他们的地位是等同的。精明的企业领导者在选择出纳人员时，除了看其是否忠诚可靠外，还要看其是否有现代经营意识，是否有社会活动能力，这也就是通常所说的公关能力。

从业务关系上来说，出纳与会计都属于一个单位的财会岗位，工作中应相互协助、密切合作，共同打理好企业的日常财会业务，做好本职工作。但他们之间又有着明确分工，工作上各有侧重，即"出纳管钱，会计管账"。

一、出纳与会计的工作

（一）出纳负责的工作

出纳人员专管货币资金的收付以及与之相关的现金日记账和银行存款日记账的登记。同时，出纳人员还必须每日或者定期与会计人员对账，核对双方库存现金、银行存款账是否相符，以做到相互配合、相互监督，从而避免多报、冒领等差错。因此，出纳人员不是单纯地办理现金的收付和银行存款的存取，也要涉及部分会计业务，所以需要学习会计知识，以便在填制"收款凭证"和"付款凭证"时，熟练地掌握会计科目的对应关系。

（二）会计负责的工作

会计人员专管总账和除货币资金以外的其他明细账。会计岗位有许多细分，如记账会计、税务会计、材料会计、成本会计等。会计人员要负责整个会计核算工作，从平行登记总账、明细账到编制会计报表，以及完成纳税申报和成本核算。

二、出纳与会计的关系

(1) 总账会计、明细账会计和出纳，各有各的分工。

总账会计负责企业经济业务的总括核算，为企业经济管理和经营决策提供总括的全面的核算资料；明细分类账会计分管企业的明细账，为企业经济管理和经营决策提供明细分类的核算资料；出纳分管企业票据、货币资金，以及有价证券等的收付、保管、核算工作，为企业经济管理和经营决策提供各种金融信息。总体而言，企业应当实行钱账分管，出纳人员不得兼管稽核和会计档案保管，不得负责收入、费用、债权债务等账目的登记工作。总账会计和明细账会计则不得管钱管物。

(2) 他们之间又有着密切联系，既互相依赖又互相牵制。

出纳、明细分类账会计、总账会计之间，有着很强的依赖性。他们核算的依据是相同的，都是会计原始凭证和会计记账凭证。这些作为记账凭据的会计凭证必须在出纳、明细账会计、总账会计之间按照一定的顺序传递；他们相互利用对方的核算资料，共同完成会计任务。同时，他们之间又互相牵制。出纳的现金和银行存款日记账与总账会计的现金和银行存款总分类账，总分类账与其所属的明细分类账，明细账中的有价证券账与出纳账中相应的有价证券账，有金额上的等量关系。这样，出纳、明细账会计、总账会计三者之间就构成了相互牵制与控制的关系，三者之间必须相互核对保持一致。

(3) 出纳与明细账会计的区别是相对的，出纳核算也是一种特殊的明细核算。

出纳核算要求按照现金和银行存款设置日记账，银行存款还要按照存入的不同户头分别设置日记账，逐笔序时地进行明细核算。"现金日记账"要每天结出余额，并与现金的库存数量进行核对。"银行存款日记账"也要在月内多次结出余额，与开户银行进行核对。月末都必须按规定进行结账。月内还要多次出具报告单，报告核算结果，并与现金和银行存款总分类账进行核对。

(4) 出纳工作是一种账实兼管的工作。

出纳工作，主要是现金、银行存款和各种有价证券的收支与结存核算，以及现金、有价证券的保管和银行存款账户的管理工作。现金和有价证券放在出纳的保险柜中保管；银行存款，由出纳人员办理收支结算手续，既要进行出纳账务处理，又要进行现金、有价证券等实物的管理和银行存款收付业务。在这一点上出纳和其他财会工作有着显著的区别。除了出纳，其他财会人员是管账不管钱，管账不管物的。

出纳工作的这种分工并不违背财务"钱账分管"的原则，由于出纳账是一种特殊的明细账，总账会计还要设置"现金""银行存款""长期投资""短期投资"等相应的总分类账对出纳保管和核算的现金、银行存款、有价证券等进行总金额的控制。其中，有价证券还应有出纳核算以外的其他形式的明细分类核算。

(5) 出纳工作直接参与经济活动过程。

货物的购销，必须经过两个过程，货物移交和货款结算。其中货款结算，即货物价款的收入与支付就必须通过出纳工作来完成；往来款项的收付、各种有价证券的经营以及其他金融业务的办理，更是离不开出纳人员的参与。这也是出纳工作的一个显著特点，其他财务工作，一般不直接参与经济活动过程，而只对其进行反映和监督。

习题与实训

一、单项选择题

1. 出纳人员保密守信，不为利益所诱惑，体现了会计职业道德的（　　）。

A. 参与管理　　　　　　　　B. 廉洁自律

C. 提高技能　　　　　　　　D. 诚实守信

2. 出纳人员忠于职守、尽职尽责，体现了会计职业道德的（　　）。

A. 爱岗敬业　　　　　　　　B. 廉洁自律

C. 客观公正　　　　　　　　D. 提高技能

3. 出纳人员向专家请教辨别假钞的技术，体现了职业道德的（　　）要求。

A. 爱岗敬业　　　　　　　　B. 提高技能

C. 参与管理　　　　　　　　D. 强化服务

4. 企业存放在财务部门由出纳人员保管的现金属于（　　）。

A. 货币资产　　　　　　　　B. 非货币资产

C. 长期资产　　　　　　　　D. 以上说法都对

5. 下列项目中，属于企业出纳人员工作职责的是（　　）。

A. 登记总分类账　　　　　　B. 登记现金日记账

C. 登记应收、应付明细账　　D. 会计档案保管工作

6. 下列项目中，属于企业出纳人员可以兼任的是（　　）。

A. 稽核　　　　　　　　　　B. 会计档案的保管和收入、费用的登记

C. 债权债务等账目登记工作　D. 编制收付款凭证

7. 下列项目中，属于会计与出纳区别的是（　　）。

A. 出纳既管钱又管账　　　　B. 会计又管钱又管账

C. 出纳只管钱不管账　　　　D. 会计只管钱不管账

8. 下列项目中，不属于企业出纳人员业务范围的是（　　）。

A. 保管库存现金和有价证券　B. 保管空白支票和空白收据

C. 保管有关印章　　　　　　D. 保管会计档案

9. 下列项目中，属于企业出纳人员可以办理的业务是（　　）。

A. 兼管印鉴　　　　　　　　B. 稽核

C. 会计档案保管　　　　　　D. 登记基建经费银行账

10. 企业出纳岗位轮岗调换到会计岗位，（　　）进行出纳工作的交接。

A. 不需要　　　　　　　　　B. 需要

C. 可交接可不交接　　　　　　　D. 以上说法均不对

二、多项选择题

1. 下列项目中，属于企业出纳人员配备方式的有（　　　）。

A. 一人一岗　　　　　　　　　　B. 一人多岗

C. 一岗多人　　　　　　　　　　D. 多人多岗

2. 下列项目中，属于企业出纳人员不得兼任的工作有（　　　）。

A. 稽核　　　　　　　　　　　　B. 会计档案保管

C. 收入账目登记　　　　　　　　D. 现金日记账登记

3. 实行回避制度单位的会计机构负责人、会计主管人员的（　　　）不能在本单位担任出纳工作。

A. 配偶　　　　　　　　　　　　B. 儿女

C. 兄弟　　　　　　　　　　　　D. 伯父

4. 下列项目中，属于回避制度中所指的直系亲属的有（　　　）。

A. 夫妻关系　　　　　　　　　　B. 直系血亲关系

C. 三代以内旁系血亲　　　　　　D. 近姻亲关系

5. 下列项目中，属于会计人员职业道德规范的有（　　　）。

A. 爱岗敬业、诚实守信　　　　　B. 廉洁自律、客观公正

C. 坚持准则、提高技能　　　　　D. 参与管理、强化服务

6. 下列项目中，属于出纳人员业务范围的有（　　　）。

A. 保管库存现金和有价证券　　　B. 保管空白支票和空白收据

C. 保管有关印章　　　　　　　　D. 保管会计档案

7. 下列项目中，关于收付款业务的做法正确的有（　　　）。

A. 收款时，先收款后记账　　　　B. 收款时，先记账后收款

C. 付款时，先付款后记账　　　　D. 付款时，先记账后付款

8. 企业使用空白转账支票结算时，经单位领导同意后，应在空白支票上填写的内容有（　　　）。

A. 填写好支票日期　　　　　　　B. 填写好收款单位

C. 填写好支票用途　　　　　　　D. 在支票的右上角加注"限额"某某元字样

9. 下列项目中，属于企业出纳人员应具备的条件有（　　　）。

A. 持有会计从业资格证书　　　　B. 必需的专业知识和技能

C. 按规定参加会计业务培训　　　D. 具有会计初级职称

10. 下列项目中，属于出纳应遵循的工作原则有（　　　）。

A. 经济责任性原则　　　　　　　B. 客观性原则

C. 一致性原则　　　　　　　　　D. 政策性原则

三、判断题

1. 出纳人员临时有事，可以由会计代替出纳的工作。 （ ）

2. 出纳人员不得兼任稽核、会计档案保管和收入、费用、债权债务账目的登记工作。 （ ）

3. 国家机关、国有企业、事业单位的会计机构负责人、会计主管人员的直系亲属不得在本单位会计机构中担任出纳工作。 （ ）

4. 忠于职守、公私分明、廉洁自律、不贪不沾、通力协作是对出纳人员的基本要求。 （ ）

5. 各单位根据业务的需要设置会计机构或在有关机构中设置会计人员并指定会计主管人员。 （ ）

6. 出纳可以兼任会计档案管理工作。 （ ）

7. 出纳岗位属于会计工作岗位。 （ ）

8. 出纳与会计应当进行职责分离。 （ ）

9. 出纳签字前必须先指定会计科目。 （ ）

10. 出纳和会计不可以由同一个人担任。 （ ）

四、业务训练

出纳人员应遵守哪些职业道德？

项目二　出纳专业技能与应用

▼ **学习目标**

★ 了解人民币的防伪特征，人民币的识别方法，多种点钞方法；

★ 理解出纳的专业技能的内容，点钞方法与技能；

★ 掌握会计日期和数字填写、传票翻打技术，操作点钞机、小键盘、保险柜，登记出纳日记账。

▼ **案例导入**

2021年8月1日，出纳人员文贞结合自己所学知识，经过充分准备，高高兴兴地上岗了。但是，接下来的事情让她犯难了：每天都要与钱接触，如何甄别真假钞？如何正确书写日记账上的数字？如何在电脑上熟练、快捷地操作？如何使用保险柜？……出纳人员文贞一边查阅前出纳人员工作的文件资料，一边向财务处的其他同事请教。一天下来，下班时文贞不禁感慨：要干好出纳工作真是个技术活啊！假币识别技能、数字书写技能、手工点钞技能、保险柜和点钞机使用技能……每一项技能都要过硬才能不出错，真是不简单啊！

▼ 思维导图

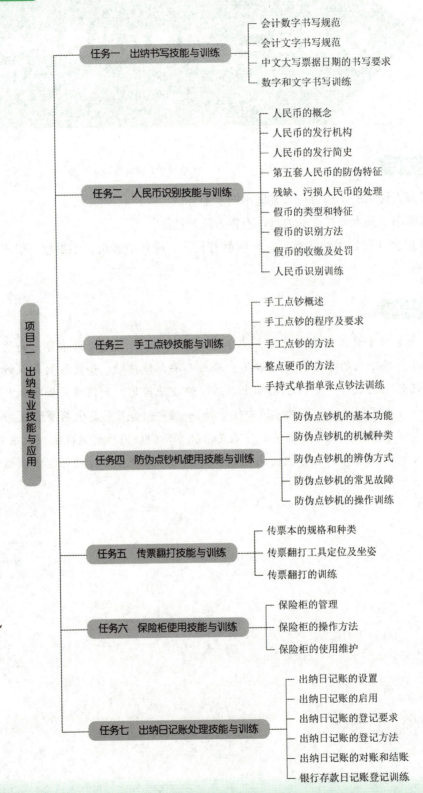

项目二 出纳专业技能与应用

任务一　出纳书写技能与训练
- 会计数字书写规范
- 会计文字书写规范
- 中文大写票据日期的书写要求
- 数字和文字书写训练

任务二　人民币识别技能与训练
- 人民币的概念
- 人民币的发行机构
- 人民币的发行简史
- 第五套人民币的防伪特征
- 残缺、污损人民币的处理
- 假币的类型和特征
- 假币的识别方法
- 假币的收缴及处罚
- 人民币识别训练

任务三　手工点钞技能与训练
- 手工点钞概述
- 手工点钞的程序及要求
- 手工点钞的方法
- 整点硬币的方法
- 手持式单指单张点钞法训练

任务四　防伪点钞机使用技能与训练
- 防伪点钞机的基本功能
- 防伪点钞机的机械种类
- 防伪点钞机的辨伪方式
- 防伪点钞机的常见故障
- 防伪点钞机的操作训练

任务五　传票翻打技能与训练
- 传票本的规格和种类
- 传票翻打工具定位及坐姿
- 传票翻打的训练

任务六　保险柜使用技能与训练
- 保险柜的管理
- 保险柜的操作方法
- 保险柜的使用维护

任务七　出纳日记账处理技能与训练
- 出纳日记账的设置
- 出纳日记账的启用
- 出纳日记账的登记要求
- 出纳日记账的登记方法
- 出纳日记账的对账和结账
- 银行存款日记账登记训练

任务一　出纳书写技能与训练

做好出纳工作并不是一件很容易的事，它要求出纳人员要有全面精通的政策水平，熟练高超的业务技能，严谨细致的工作作风，尤其是准确、清晰的书写技巧。

会计书写规范是对企业会计事项中书写时采用书写工具、文字或数字、书写要求、书写方法及格式等方面进行的规范。会计文字和数字书写规范是会计的基础工作标准，直接关系到会计工作质量的优劣和会计管理水平的高低，以及会计数据资料的准确性、及时性和完整性。

一、会计数字书写规范

在世界各国的会计记录中，通常采用的数字是阿拉伯数字。阿拉伯数字的书写规范实际上要符合手写体的规范要求。

（一）会计阿拉伯数字书写要求

实务中，对会计阿拉伯数字书写有以下几个方面的要求：

(1) 每个数字要大小匀称，笔画流畅，每个数字独立有形，不能连笔书写，要让使用者一目了然。

(2) 每个数字要紧贴底线书写，但上端不可顶格，其高度约占全格 1/2 的位置，要为更正错误数字留出空间。除数字 6，7，9 以外，其他数字的高低要尽量保持一致。书写数字"6"时，上端比其他数字高出 1/4。书写数字"7"和"9"时，下端比其他数字伸出1/4。书写数字"8"时，上边要稍小，下边应稍大，注意起笔应呈斜"S"，终笔与起笔交接处应呈棱角，以防止将"3"改为"8"。有圆圈的数字，如数字 6，8，9，0 等，圆圈必须封口。"0"不要写得太小，也不要有缺口，不要写成 D 或 C。

(3) 书写数字时，每个数字要排列有序，并且数字要有一定的倾斜度。各个数字的倾斜度要尽量保持一致，一般要求上端一律向右倾斜 45°～60°，如图 2-1 所示。

图 2-1　会计阿拉伯数字书写规范

(4) 书写数字时，每个数字从左至右，笔画顺序是自上而下，先左后右，并且每个数字大小一致，数字排列的空隙应当保持一定且同等的距离，每个数字上下左右要对齐，在印有数位线的凭证、账簿、报表上，每一格只能写一个数字，不能几个数字挤在一个格里，更不能在数字中间留有空格。

(5) 数字的书写必须采用规范的手写体，这样才能使数字规范、清晰且符合会计工作的要求。

(6) 会计工作人员要保持个人的独特字体和书写特色，以防止别人模仿或涂改。书写数字时，除“4”和“5”以外的数字，必须一笔写成，不能人为地增加数字的笔画。

(7) 不要把数字“0”和“6”、“1”和“7”、“3”和“8”、“7”和“9”书写混淆。书写阿拉伯数字的整数部分，可以从小数点向左按照“三位一节”用分位点“,”分开或加1/4空分开，如8,541,630或8 541 630。

(8) 阿拉伯数字表示的金额为小写金额，书写时，应当采用人民币符号“¥”。“¥”是汉语拼音yuan中第一个字母的缩写变形，它既代表了人民币的币制，又表示人民币“元”的单位。所以，小写金额前填写人民币符号“¥”以后，数字后面可不写“元”字。“¥”与数字之间不能留有空格。书写人民币符号时，要注意“¥”与阿拉伯数字的明显区别，不可混淆，如“¥280.00”。

实务中，以元为单位的阿拉伯数字，除表示单价外一律写到角分；无角分的，角分位写“00”或符号“—”；有角无分的，分位应写“0”，不得写符号“—”。在填写会计凭证、登记会计账簿、编制会计报表时，数字必须要按数位填入，金额要采用“0”占位到“分”为止，不能采用画线等方法代替。规范的数字书写如图2-2所示。

错误书写

收入金额							
十	万	千	百	十	元	角	分
		3	6	7	8		
				5	7	1	
				5	7	1	—

正确书写

收入金额							
十	万	千	百	十	元	角	分
		3	6	7	8	0	0
		3	6	7	8	—	—
				5	7	1	0

图2-2　金额数字书写规范

（二）阿拉伯数字书写错误的更正方法

实务中，出纳人员书写文字或数字发生错误时，严禁采用刮、擦、涂改的方式或采用药水消除字迹的方法改错，应当采用正确的更正方法进行更正。例如，在结账前发现账簿记录有文字或数字错误，而记账凭证没有错误时，可以采用画线更正方法，即在错误的文字或数字上画一条红线，并在上方填写正确的文字或数字，并由责任人在更正处盖章，以明确责任。注意：对于数字错误更正时不能只画错误的数字，应当将全部数字用单红线画掉，并保持原有数字清晰可辨，以便审查。规范的数字更正如图2-3所示。

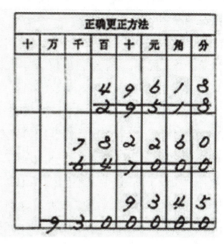

图 2-3　画线更正法

二、会计文字书写规范

实务中，会计中的文字书写主要是汉字书写。出纳人员每天都离不开书写，不仅要书写文字，还要书写数字，两者是相辅相成的。书写数字离不开文字的表述，文字也离不开数字的说明，只有文字、数字并用，才能正确反映企业发生的经济业务。

（一）文字书写要求

实务中，文字书写有以下几个要求：

(1) 要用蓝黑墨水或碳素墨水书写，不得用铅笔、圆珠笔（用复写纸复写除外）书写。红色墨水只在特殊情况下使用。填写支票必须使用碳素笔书写。

(2) 文字书写一般要紧靠左竖线书写，文字与左竖线之间不得留有空白部分。

(3) 文字不能顶格写，一般要占空格的 1/2。

(4) 文字要清晰，要用正楷或行书书写。

（二）文字书写技巧

出纳人员在书写文字时，应当养成正确的写字姿势，掌握汉字的笔顺和字体结构，写好规范的汉字。实务中，出纳人员在书写汉字的时候，应当使用正楷或行书，不要使用草书等，也不能使用未经国家相关部门认可的简化文字。

（三）中文大写数字的书写要求

实务中，中文大写数字的书写有以下几个方面的要求：

1. 中文大写数字的书写要求

中文大写数字的书写有以下几个要求：

(1) 中文大写数字由数字和数位组成。数位主要包括元、角、分、人民币和拾、佰、仟、万、亿以及数量单位等。

(2) 中文大写数字前若没有印制"人民币"字样的，书写时，在大写金额前要冠以"人民币"字样。"人民币"与金额首位数字之间不得留有空格，数字之间更不能留存空格，写数字与读数字的顺序要一致。

(3) 当人民币以元为单位时，只要人民币元后分位没有金额（即无角无分，或有角无分），就应在大写数字后加上"整"或"正"字结尾；如果分位有金额，则在"分"后不必写"整"或"正"字。例如，¥58.69 元，写成人民币伍拾捌元陆角玖分。因其分位有金额，故在"分"后不必写"整"或"正"字。又如，¥58.60 元，写成人民币伍拾捌元陆角整。因其分位没有金额，故应在大写金额后加上"整"或"正"字结尾。

(4) 如果金额数字中间有两个或两个以上"0"，则只写一个"零"字。例如，金额 ¥800.10 元，应写为人民币捌佰元零壹角整。

(5) 表示数字拾几、拾几万时，大写文字前必须有数字"壹"字，因为"拾"字代表数位，而不是数字。例如，¥10 元，应写为人民币壹拾元整。又如，¥16 元，应写成人民币壹拾陆元整。

(6) 大写数字不能乱用简化字，不能写错别字，如"零"不能用"另"代替，"角"不能用"毛"代替等。

(7) 中文大写数字不能用中文小写数字代替，更不能与中文小写数字混合使用。

2. 中文大写数字错误的更正方法

出纳人员在书写中文大写数字时若写错或发现漏记，不能涂改，也不能用画线更正法，必须重新填写凭证。

3. 大小写金额一致

出纳人员在书写大小写金额时，必须做到大小写金额内容完全一致，书写熟练、流利，准确完成会计核算工作。

三、中文大写票据日期的书写要求

实务中，为防止不法分子变造票据的出票日期，票据的出票日期必须使用中文大写。票据出票日期使用中文小写填写的，银行不予受理。中文大写日期未按照要求规范填写的，银行可予受理，但由此造成损失的，由出票人自行承担。在填写月、日时，月份为1，2和10的，日为1~9和10，20，30的，应在其前面加"零"；日为10至19的，应在其前面加"壹"。例如，1月15日应写成零壹月壹拾伍日。再如，10月20日应写成零壹拾月零贰拾日。

四、数字和文字书写训练

（一）阿拉伯数字小写书写训练

训练 1：在表 2-1 账格中用规范化的阿拉伯数字书写。

表 2-1　阿拉伯数字书写训练

训练 2：对照表 2-2 中的数字练习没有数位线的小写金额的书写。

表 2-2　阿拉伯数字书写训练

¥ 953 287.84	¥ 88 321.02	¥ 7 603.13	¥ 59 845.00	¥ 7 865.13	¥ 45 347.90

训练 3：将下列中文大写数字写成阿拉伯数字。

(1) 人民币贰拾柒元伍角肆分　　　　　　　应写成 ＿＿＿＿＿＿＿＿＿＿

(2) 人民币伍仟贰佰万零陆仟玖佰柒拾捌元整　应写成 ＿＿＿＿＿＿＿＿＿＿

(3) 人民币叁仟万零贰拾元整　　　　　　　　应写成 ＿＿＿＿＿＿＿＿＿＿

(4) 人民币壹拾玖万零贰拾叁元整　　　　　　应写成 ＿＿＿＿＿＿＿＿＿＿

(5) 人民币玖角捌分　　　　　　　　　　　　应写成 ＿＿＿＿＿＿＿＿＿＿

(6) 人民币柒万肆仟伍佰零贰元捌角陆分　　　应写成 ＿＿＿＿＿＿＿＿＿＿

(7) 人民币玖仟叁佰元零伍角整　　　　　　　应写成 ＿＿＿＿＿＿＿＿＿＿

(8) 人民币贰拾肆万零捌佰零壹元零玖分　　　应写成 ＿＿＿＿＿＿＿＿＿＿

(9) 人民币壹拾万元整　　　　　　　　　　　应写成 ＿＿＿＿＿＿＿＿＿＿

(10) 人民币陆佰万元零柒分　　　　　　　　应写成 ＿＿＿＿＿＿＿＿＿＿

（二）中文大写数字书写训练

训练 1：对照表 2-3 中的文字分别用楷体和行楷练习中文大写数字的书写。

表 2-3　中文大写数字书写训练

零						零					
壹						壹					
贰						贰					
叁						叁					
肆						肆					
伍						伍					
陆						陆					
柒						柒					
捌						捌					
玖						玖					
拾						拾					
佰						佰					
仟						仟					
万						万					
亿						亿					
元						元					
角						角					
分						分					
整						整					

训练2：将阿拉伯数字写成中文大写数字。

(1) ¥28 703.49　　　　应写成 _____

(2) ¥160 000.00　　　　应写成 _____

(3) ¥580.20　　　　　　应写成 _____

(4) ¥3 000 070.10　　　应写成 _____

(5) ¥60 104.09　　　　　应写成 _____

(6) ¥109 080.80　　　　应写成 _____

(7) ¥206 054.03　　　　应写成 _____

(8) ¥80 001.20　　　　　应写成 _____

(9) ¥76 003 000.00　　　应写成 _____

(10) ¥96 274.58　　　　　应写成 _____

（三）中文大写票据日期书写训练

训练3：将阿拉伯数字日期写成中文大写票据日期。

(1) 2009 年 1 月 1 日　　　应写成 _____

(2) 2013 年 2 月 10 日　　　应写成 _____

(3) 2014 年 6 月 9 日　　　应写成 _____

(4) 2016 年 7 月 12 日　　　应写成 _____

(5) 2017 年 8 月 20 日　　　应写成 _____

(6) 2018 年 9 月 30 日　　　应写成 _____

(7) 2019 年 10 月 2 日　　　应写成 _____

(8) 2020 年 11 月 15 日　　　应写成 _____

(9) 2021 年 12 月 5 日　　　应写成 _____

(10) 2022 年 3 月 25 日　　　应写成 _____

任务二　人民币识别技能与训练

一、人民币的概念

人民币是指中国人民银行成立后于 1948 年 12 月 1 日首次发行的货币，中华人民共和国成立后为中华人民共和国法定货币，至 1999 年 10 月 1 日启用新版为止共发行五套，形成了包括纸币与金属币、普通纪念币与贵金属纪念币等多品种、多系列的货币体系。人民币在 ISO 4217 中简称为 CNY(China Yuan)，不过更常用的缩写是 RMB(Ren Min Bi)；在数字前一般加上"¥"表示人民币的金额。

二、人民币的发行机构

中国人民银行是中华人民共和国的中央银行，是中华人民共和国国务院组成部门之一。中国人民银行根据《中华人民共和国中国人民银行法》的规定，在国务院的领导下依法独立执行货币政策，履行职责，开展业务，不受地方政府、各级政府部门、社会团体和个人的干涉。

三、人民币的发行简史

1948 年 12 月 1 日，中国人民银行在河北省石家庄市成立，同日开始发行统一的人民币。当时任华北人民政府主席的董必武同志为该套人民币题写了中国人民银行行名。根据各个历史时期的不同需要，至今共发行了五套人民币。第一套、第二套和第三套人民币已经退出流通，第四套人民币于 2018 年 5 月 1 日起停止流通 (1 角、5 角纸币和 5 角、1 元硬币除外)。现流通的人民币主要是 1999 年、2005 年、2015 年、2019 年、2020 年发行的第五套人民币。

(一) 第一套人民币 (1948 年版)

第一套人民币是在中国共产党的领导下，在中国人民解放战争胜利进军的形势下，由人民政府所属国家银行在 1948 年 12 月 1 日印制发行的法定货币。1949 年 1 月，北京解放，中国人民银行总行迁到北京。新中国成立后，各大区和省、自治区、直辖市中国人民银行相继成立。1951 年底，除西藏自治区和台湾省外，全国范围内货币已经统一，人民币成为中国的合法货币。到 1953 年 12 月，人民币发行券别有 1 元券、5 元券、10 元券、20 元券、50 元券、100 元券、200 元券、500 元券、1 000 元券、5 000 元券、10 000 元券、50 000 元券等 12 种面额，版别共 62 种。其中，1 元券 2 种，5 元券 4 种，10 元券 4 种，20 元券 7 种，50 元券 7 种，100 元券 10 种，200 元券 5 种，500 元券 6 种，1 000 元券 6 种，5 000 元券 5 种，10 000 元券 4 种，50 000 元券 2 种。第一套人民币部分样币见图 2-4。

图 2-4　第一套人民币部分样币

（二）第二套人民币（1955 年版）

　　为改变第一套人民币纸张质量较差、券别种类繁多、面额过大、文字说明单一、票面破损较严重等不足，提高印制质量，进一步健全中国货币制度，1955 年 2 月 21 日，国务院发布命令，决定由中国人民银行自 1955 年 3 月 1 日起发行第二套人民币，收回第一套人民币。第二套人民币和第一套人民币的折合比率为：1∶10000。1955 年 3 月 1 日公布发行的第二套人民币共 10 种，1 分、2 分、5 分、1 角、2 角、5 角、1 元、2 元、3 元和 5元，1957 年 12 月 1 日又发行 10 元 1 种。1957 年 12 月 1 日起发行 1 分、2 分、5 分 3 种硬币（于 1992 年停止发行），与纸分币等值流通。后来，对 1 元纸币和 5 元纸币的图案、花纹又分别进行了调整和更换颜色。1961 年 3 月 25 日和 1962 年 4 月 20 日分别发行了黑色1 元券和棕色 5 元券，使第二套人民币的版别分别由开始公布的 11 种增加到 16 种。1964年 4 月 14 日，中国人民银行发布了《关于收回三种人民币票券的通告》，决定从 1964 年4 月 15 日开始限期收回苏联代印的 1953 年版的 3 元、5 元和 10 元纸币，1964 年 5 月 15日停止收兑和流通使用。第二套人民币部分样币见图 2-5，第二套人民币硬币见图 2-6。

图 2-5　第二套人民币部分样币

图 2-6　第二套人民币硬币

（三）第三套人民币（1962 年版）

第三套人民币于 1962 年 4 月 20 日至 1974 年 1 月 5 日陆续发行。第三套人民币在第二套人民币的基础上对版别进行了全调整、更换，取消了第二套人民币中的 3 元纸币，增加了 1 角、2 角、5 角和 1 元四种金属币。第三套人民币自 1962 年 4 月 20 日发行枣红色 1 角纸币开始到 1980 年 4 月 15 日发行 1 角、2 角、5 角、1 元硬币止，经过了 18 年的逐步调整、更换，共陆续回收第二套人民币（除 6 种纸、硬币外）10 种，陆续发行第三套人民币 13 种（其中，10 元纸币、5 元纸币、2 元纸币、1 元纸币、5 角纸币、2 角纸币各 1 种；1 角纸币 3 种；1 元硬币、5 角硬币、2 角硬币、1 角硬币 1 种）。第三套人民币和第二套人民币的折合比率为 1∶1，到 2000 年 7 月 1 日停止流通，历时 38 年，也是我国目前发行、流通时间最长的一套人民币。第三套人民币部分样币见图 2-7。

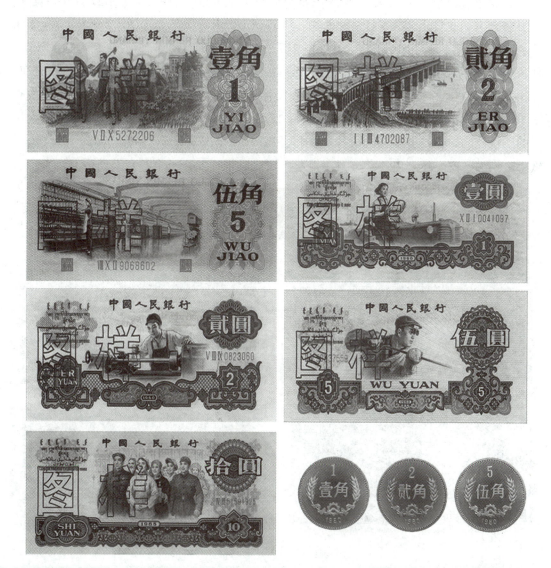

图 2-7　第三套人民币部分样币

（四）第四套人民币（1987 年版）

第四套人民币于 1985 年在国务院常务会议上批准，从 1987 年 4 月 27 日开始发行，至 1997 年 4 月 1 日止，共发行 9 种面额，14 种票券。其中 1 角券 1 种，2 角券 1 种，5 角券 1 种，1 元券 3 种（1980、1990、1996），2 元券 2 种（1980、1990），5 元券 1 种，10 元券 1 种，50 元券 2 种（1980、1990），100 元券 2 种（1980、1990）。第四套人民币采取"一次公布，分次发行"的办法。1987 年 4 月 27 日首先发行 50 元券和 5 角券，1988 年 5 月 10 日发行了 100 元、2 元、1 元和 2 角，1988 年 9 月 22 日发行了 10 元、5 元、1 角。为提高人民币的防伪能力，1992 年 8 月 20 日，中国人民银行在全国发行了 1990 年版 50 元、100 元纸币，增加了安全线。1992 年 6 月 1 日起中国人民银行发行了第四套人民币 1 元、5 角、1 角硬币，使第四套人民币的结构更加完善。直到 2018 年 5 月 1 日，根据《中国人民银行公告〔2018〕第 6 号》文件，停止第四套人民币 100 元、50 元、10 元、5 元、2 元、1 元、2 角纸币和 1 角硬币在市场上流通。第四套人民币部分样币见图 2-8。

图2-8　第四套人民币部分样币

（五）第五套人民币（1999 年版、2005 年版、2015 年版、2019 年版和 2020 年版）

第五套人民币继承了中国印制技术的传统经验，借鉴了国外钞票设计的先进技术，在防伪性能和适应货币处理现代化方面有了较大提高。各面额货币正面均采用毛泽东主席在新中国成立初期的头像，底衬采用了中国著名花卉图案，背面主景图案通过选用有代表性的寓有民族特色的图案，充分表现了中国悠久的历史和壮丽的山河，弘扬了中国伟大的民族文化。第五套人民币取消第四套人民币里的 1 角、2 角、5 角和 2 元纸币，恢复了 20 元纸币。

1999 年 10 月 1 日，在中华人民共和国成立 50 周年之际，中国人民银行陆续发行第五套人民币 (1999 年版)。第五套人民币共有 1 角、5 角、1 元、5 元、10 元、20 元、50 元、100 元 8 种面额，其中 1 元有纸币、硬币 2 种。2018 年 4 月 1 日起，中国人民银行对第五套人民币 (1999 年版)100 元、50 元、20 元、10 元、5 元纸币 (即 1999 年版 5 元以上面额纸币) 实行只收不付。

2005 年 8 月 31 日，中国人民银行又发行了 2005 年版第五套人民币。2005 年版人民币共有 6 种票面：100 元、50 元、20 元、10 元、5 元纸币和不锈钢材质 1 角硬币。1 角硬币正面为"中国人民银行""1 角"和汉语拼音字母"YIJIAO"及年号。

2015 年 11 月 12 日，中国人民银行再次发行 2015 年版第五套人民币 100 元纸币。2015 年版第五套人民币 100 元纸币发行后，与同面额流通人民币等值流通。

2019 年 8 月 30 日，中国人民银行又正式对外发行 2019 年版第五套人民币 50 元、20 元、10 元、1 元纸币和 1 元、5 角、1 角硬币，且发行后与同面额流通人民币等值流通。

2020 年 7 月 8 日，中国人民银行发布公告称，央行定于 2020 年 11 月 5 日起发行 2020 年版第五套人民币 5 元纸币。第五套人民币 (1999 年版) 部分样币见图 2-9。

图 2-9　第五套人民币 (1999 年版) 部分样币

四、第五套人民币的防伪特征

根据"中国人民银行办公厅关于对第五套人民币 1999 年版部分券别纸币实行只收不付管理的通知"要求，自 2018 年 4 月 1 日起，各银行业金融机构对收到的 1999 年版 5 元以上面额纸币不得再对外付出，一律作为残损人民币单独交存人民银行发行库。因此，下面我们主要学习 2005 年版、2015 年版、2019 年版和 2020 年版第五套人民币的防伪特征。

（一）2005 年版第五套人民币的防伪特证

2005 年版第五套人民币 100 元、50 元、20 元、10 元、5 元纸币规格、主景图案、主色调、"中国人民银行"行名和汉语拼音行名、面额数字、花卉图案、国徽、盲文面额标记、民族文字等均与 1999 年版第五套人民币同面额纸币相同。但光变数字、面额水印位置调整，增加凹印手感线、防复印标记、背面面额数字加后缀"YUAN"等。

1. 第五套人民币 100 元纸币 2005 年版与 1999 年版的区别

(1) 调整防伪特征布局。正面左下角胶印对印图案调整到正面主景图案左侧中间处，光变油墨面额数字左移至原胶印对印图案处。背面右下角胶印对印图案调整到背面主景图案右侧中间处。

(2) 调整防伪特征。在隐形面额数字方面：调整隐形面额数字观察角度。正面右上方有一装饰性图案，将票面置于与眼睛接近平行的位置，面对光源做上下倾斜晃动，可以看到面额数字"100"字样。在全息磁性开窗安全线方面：将原磁性缩微文字安全线改为全息磁性开窗安全线。背面中间偏右，有一条开窗安全线，开窗部分可以看到由缩微字符"¥100"组成的全息图案，仪器检测有磁性。在双色异形横号码方面：将原横竖双号码改为双色异形横号码。正面左下角印有双色异形横号码，左侧部分为暗红色，右侧部分为黑色。字符由中间向左右两边逐渐变小。

(3) 增加防伪特征。增加了白水印，位于正面双色异形横号码下方，迎光透视，可以看到透光性很强的水印"100"字样。增加了凹印手感线，正面主景图案右侧，有一组自上而下规则排列的线纹，采用雕刻凹版印刷工艺印制，用手指触摸，有极强的凹凸感。

(4) 取消纸张中的红蓝彩色纤维。

(5) 背面主景图案下方的面额数字后面，增加人民币单位元的汉语拼音"YUAN"；年号改为"2005 年"。

第五套人民币 100 元纸币防伪特征图见图 2-10。

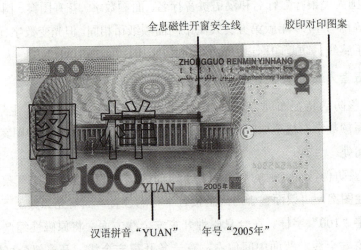

图 2-10　第五套人民币 100 元纸币防伪特征图

2. 第五套人民币 50 元纸币 2005 年版与 1999 年版的区别

(1) 调整防伪特征布局。正面左下角胶印对印图案调整到正面主景图案左侧中间处，光变油墨面额数字左移至原胶印对印图案处。背面右下角胶印对印图案调整到背面主景图案右侧中间处。

(2) 调整防伪特征。在隐形面额数字方面：调整隐形面额数字观察角度。正面右上方有一装饰性图案，将票面置于与眼睛接近平行的位置，面对光源做上下倾斜晃动，可以看到面额数字"50"字样。在全息磁性开窗安全线方面：将原磁性缩微文字安全线调整为全息磁性开窗安全线。背面中间偏右，有一条开窗安全线，开窗部分可以看到由缩微字符"¥50"组成的全息图案，仪器检测有磁性。在双色异形横号码方面：取消原横竖双号码中的竖号码，将横号码改为双色异形横号码。正面左下角印有双色异形横号码，左侧部分为暗红色，右侧部分为黑色。字符由中间向左右两边逐渐变小。

(3) 增加防伪特征。增加了白水印，位于正面双色异形横号码下方，迎光透视，可以看到透光性很强的水印"50"字样。增加了凹印手感线，正面主景图案右侧，有一组自上而下规则排列的线纹，采用雕刻凹版印刷工艺印制，用手指触摸，有极强的凹凸感。

(4) 取消纸张中的红蓝彩色纤维。

(5) 背面主景图案下方的面额数字后面，增加人民币单位元的汉语拼音"YUAN"；年号改为"2005 年"。

第五套人民币 50 元纸币防伪特征图见图 2-11。

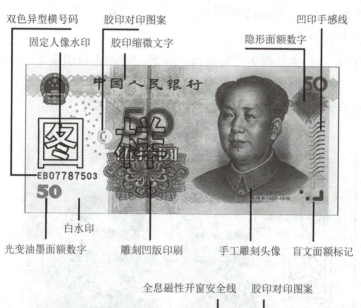

图 2-11　第五套人民币 50 元纸币防伪特征图

3. 第五套人民币 20 元纸币 2005 年版与 1999 年版的区别

(1) 调整防伪特征。在雕刻凹版印刷方面：背面主景图案桂林山水、面额数字、汉语拼音行名、民族文字、年号、行长章等均采用雕刻凹版印刷，用手指触摸，有明显凹凸感。在隐形面额数字方面：调整隐形面额数字观察角度。正面右上方有一装饰性图案，将票面置于与眼睛接近平行的位置，面对光源做上下倾斜晃动，可以看到面额数字"20"字样。

在全息磁性开窗安全线方面：将原安全线改为全息磁性开窗安全线。正面中间偏左，有一条开窗安全线，开窗部分可以看到由缩微字符"¥20"组成的全息图案，仪器检测有磁性。

(2) 增加防伪特征。增加了白水印：位于正面双色横号码下方，迎光透视，可以看到透光性很强的水印"20"字样。增加了胶印对印图案，正面左下角和背面右下角均有一圆形局部图案，迎光透视，可以看到正背面的局部图案合并为一个完整的古钱币图案。增加了凹印手感线，正面主景图案右侧，有一组自上而下规则排列的线纹，采用雕刻凹版印刷工艺印制，用手指触摸，有极强的凹凸感。

(3) 取消纸张中的红蓝彩色纤维。

(4) 取消正面原双色横号码下方的装饰性图案；背面主景图案下方的面额数字后面，增加人民币单位元的汉语拼音"YUAN"；年号改为"2005 年"。

第五套人民币 20 元纸币防伪特征图见图 2-12。

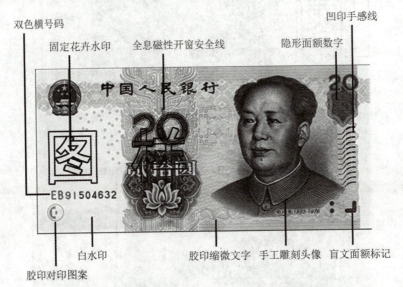

图 2-12　第五套人民币 20 元纸币防伪特征图

4. 第五套人民币 10 元纸币 2005 年版与 1999 年版的区别

(1) 调整隐形面额数字观察角度。正面右上方有一装饰性图案，将票面置于与眼睛接近平行的位置，面对光源做上下倾斜晃动，可以看到面额数字"10"字样。

(2) 增加凹印手感线。正面主景图案右侧，有一组自上而下规则排列的线纹，采用雕刻凹版印刷工艺印制，用手指触摸，有极强的凹凸感。

(3) 取消纸张中的红蓝彩色纤维。

(4) 背面主景图案下方的面额数字后面，增加人民币单位元的汉语拼音"YUAN"；年号改为"2005 年"。

第五套人民币 10 元纸币防伪特征图见图 2-13。

图 2-13　第五套人民币 10 元纸币防伪特征图

5. 第五套人民币 5 元纸币 2005 年版与 1999 年版的区别

(1) 调整隐形面额数字观察角度。正面右上方有一装饰性图案，将票面置于与眼睛接近平行的位置，面对光源做上下倾斜晃动，可以看到面额数字"5"字样。

(2) 增加凹印手感线。正面主景图案右侧，有一组自上而下规则排列的线纹，采用雕刻凹版印刷工艺印制，用手指触摸，有极强的凹凸感。

(3) 取消纸张中的红蓝彩色纤维。

(4) 背面主景图案下方的面额数字后面，增加人民币单位元的汉语拼音"YUAN"；年号改为"2005年"。

第五套人民币5元纸币防伪特征图见图2-14。

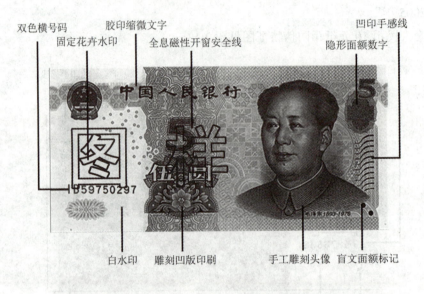

图2-14　第五套人民币5元纸币防伪特征图

6. 第五套人民币1角硬币 (2005年版)

第五套人民币1角硬币材质由铝合金改为不锈钢，色泽为钢白色。其正背面图案、规格、外形与现行流通的第五套人民币1角硬币相同，即正面为"中国人民银行""1角"和汉语拼音字母"YIJIAO"及年号，背面为兰花图案及中国人民银行的汉语拼音字母"ZHONGGUO

RENMIN YINHANG"，直径为 19 毫米。

第五套人民币 1 角硬币 (2005 年版) 见图 2-15。

图 2-15　第五套人民币 1 角硬币 (2005 年版)

（二）2015 年版第五套人民币的防伪特证

2015 年版第五套人民币 100 元纸币在保持 2005 年版第五套人民币 100 元纸币规格、正背面主图案、主色调、"中国人民银行"行名、国徽、盲文和汉语拼音行名、民族文字等不变的前提下，对部分图案做了调整，对整体防伪性能进行了提升。

2015 年版第五套人民币 100 元纸币样币见图 2-16。

图 2-16　2015 年版第五套人民币 100 元纸币样币

其主要防伪特征如下 (防伪标识见图 2-17)：

图 2-17　防伪标识

1. 光变镂空开窗安全线

光变镂空开窗安全线位于票面正面右侧。垂直票面观察，安全线呈品红色；与票面呈一定角度观察，安全线呈绿色；透光观察，可见安全线中正反交替排列的镂空文字"¥100"。光变镂空开窗安全线见图 2-18。

图 2-18　光变镂空开窗安全线

2. 光彩光变数字

光彩光变数字位于票面正面中部。垂直票面观察，数字以金色为主；平视观察，数字以绿色为主。随着观察角度的改变，数字颜色在金色和绿色之间交替变化，并可见到一条亮光带上下滚动。光彩光变数字见图 2-19。

图 2-19　光彩光变数字

3. 人像水印

人像水印位于票面正面左侧空白处。透光观察可见毛泽东头像。人像水印见图 2-20。

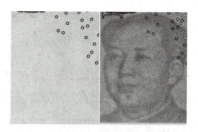

图 2-20　人像水印

4. 胶印对印图案

票面正面左下方和背面右下方均有面额数字"100"的局部图案。透光观察，正背面图案组成一个完整的面额数字"100"。胶印对印图案见图 2-21。

图 2-21　胶印对印图案

5. 横竖双号码

票面正面左下方采用横号码，其冠字和前两位数字为暗红色，后六位数字为黑色；右侧竖号码为蓝色。横竖双号码见图 2-22。

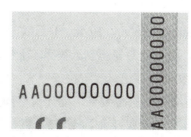

图 2-22　横竖双号码

6. 白水印

白水印位于票面正面横号码下方。透光观察，可以看到透光性很强的水印面额数字"100"。白水印见图 2-23。

图 2-23　白水印

7. 雕刻凹印

票面正面毛泽东头像、国徽、"中国人民银行"行名、右上角面额数字、盲文及背面人民大会堂等均采用雕刻凹印印刷，用手指触摸有明显的凹凸感。雕刻凹印见图 2-24。

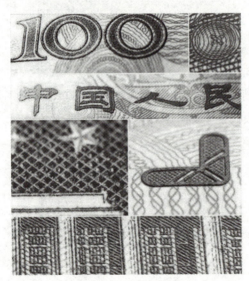

图 2-24　雕刻凹印

（三）2019 年版第五套人民币的防伪特征

1. 纸币特征

2019 年版第五套人民币 50 元、20 元、10 元、1 元纸币分别保持 2005 年版第五套人民币 50 元、20 元、10 元纸币和 1999 年版第五套人民币 1 元纸币规格、主图案、主色调、"中国人民银行"行名、国徽、盲文面额标记、汉语拼音行名、民族文字等要素不变，提高了票面色彩鲜亮度，优化了票面结构层次与效果，提升了整体防伪性能。2019 年版第五套人民币 50 元、20 元、10 元、1 元纸币调整正面毛泽东头像、装饰团花、横号码、背面主景和正背面面额数字的样式,增加正面左侧装饰纹样,取消正面右侧凹印手感线和背面右下角局部图案,票面年号改为"2019年"。

(1) 50元纸币。正面中部面额数字调整为光彩光变面额数字"50",左下角光变油墨面额数字调整为胶印对印图案,右侧增加动感光变镂空开窗安全线和竖号码。背面取消全息磁性开窗安全线。

(2) 20元、10元纸币。正面中部面额数字分别调整为光彩光变面额数字"20""10",取消全息磁性开窗安全线,调整左侧胶印对印图案,右侧增加光变镂空开窗安全线和竖号码。

(3) 1元纸币。正面左侧增加面额数字白水印,取消左下角装饰纹样。

2019年版第五套人民币纸币样币见图2-25。

图2-25 2019年版第五套人民币纸币样币

2. 纸币的主要防伪特征

(1) 光彩光变面额数字。光彩光变面额数字位于票面正面中部。改变钞票观察角度，面额数字"50""20""10"的颜色在绿色和蓝色之间变化，并可见一条亮光带上下滚动。光彩光变面额数字见图 2-26。

图 2-26　光彩光变面额数字

(2) 固定人像和花卉水印。固定人像和花卉水印位于票面正面左侧。透光观察，50 元人民币可见毛泽东头像水印，20 元、10 元、1 元人民币可见花卉水印。固定人像和花卉水印见图 2-27。

　50元人像水印　　　　20元花卉水印　　　　10元花卉水印　　　　1元花卉水印

图 2-27　固定人像和花卉水印

(3) 胶印对印图案。票面正面左下角和背面右下角均有面额数字"50""20""10"的局部图案。透光观察，正背面图案组成一个完整的面额数字"50""20""10"。胶印对印图案见图 2-28。

图 2-28　胶印对印图案

(4) 白水印。白水印位于票面正面左侧下方。透光观察，可见面额数字"50""20""10""1"。白水印见图 2-29。

图 2-29　白水印

(5) 动感光变镂空开窗安全线。动感光变镂空开窗安全线位于票面正面右侧。改变钞票观察角度，安全线颜色在红色和绿色之间变化，亮光带上下滚动。透光观察可见"¥50""¥20""¥10"。动感光变镂空开窗安全线见图 2-30。

图 2-30　动感光变镂空开窗安全线

(6) 雕刻凹印。票面正面毛泽东头像、国徽、"中国人民银行"行名、装饰团花、右上角面额数字、盲文面额标记及背面主景等均采用雕刻凹版印刷，触摸有凹凸感。雕刻凹印见图 2-31。

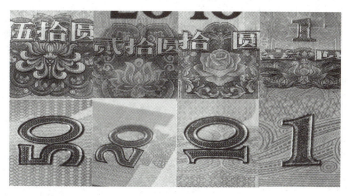

图 2-31　雕刻凹印

3. 硬币特征

2019 年版第五套人民币 1 元、5 角、1 角硬币分别保持 1999 年版第五套人民币 1 元、5 角硬币和 2005 年版第五套人民币 1 角硬币外形、外缘特征、"中国人民银行"行名、汉语拼音面额、人民币单位、花卉图案、汉语拼音行名等要素不变，调整了正面面额数字的造型，背面花卉图案适当收缩。

(1) 1 元硬币。直径由 25 毫米调整为 22.25 毫米。正面面额数字"1"轮廓线内增加隐形图文"¥"和"1"，边部增加圆点。材质保持不变。

(2) 5 角硬币。材质由钢芯镀铜合金改为钢芯镀镍，色泽由金黄色改为镍白色。正背面内周缘由圆形调整为多边形。直径保持不变。

(3) 1 角硬币。正面边部增加圆点。直径和材质保持不变。

2019 年版第五套人民币硬币样币见图 2-32。

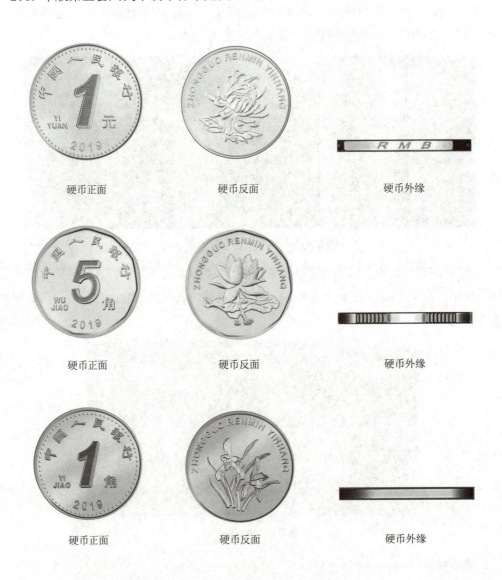

图 2-32　2019 年版第五套人民币硬币样币

4.硬币的主要防伪特征

(1) 1元硬币主要有外缘滚字和隐形图文两个防伪特征。1元硬币防伪特征见图2-33。

外缘滚字
在硬币外缘的圆柱面，有等距离分布的三组字符"RMB"。

隐形图文
在硬币正面面额数字轮廓线内，有一组隐形图文"¥"和"1"。转动硬币，从特定角度可以观察到"¥"，从另一个角度可以观察到"1"。

图 2-33 1元硬币防伪特征

(2) 5角硬币。5角硬币的主要防伪特征是间断丝齿。在硬币外缘的圆柱面，共有六个丝齿段，每个丝齿段有八个齿距相等的丝齿。5角硬币防伪特征见图2-34。

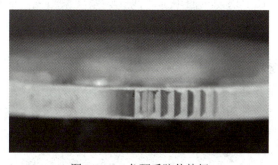

图 2-34 5角硬币防伪特征

（四）2020年版第五套人民币的防伪特证

2020年版第五套人民币5元纸币保持2005年版第五套人民币5元纸币规格、主图案、主色调、"中国人民银行"行名、国徽、盲文面额标记、汉语拼音行名、民族文字等要素不变，优化了票面结构层次与效果，提升了整体防伪性能。2020年版第五套人民币5元纸币样币见图2-35。

图 2-35　2020 年版第五套人民币 5 元纸币样币

其主要防伪特征如下：

1. 光彩光变面额数字

光彩光变面额数字位于票面正面中部。改变钞票观察角度，面额数字"5"的颜色在金色和绿色之间变化，并可见一条亮光带上下滚动。光彩光变面额数字见图 2-36。

图 2-36　光彩光变面额数字

2. 花卉水印

花卉水印位于票面正面左侧。透光观察，可见花卉图案水印。花卉水印见图 2-37。

图 2-37　花卉水印

3. 白水印

白水印位于票面正面左侧。透光观察，可见面额数字"5"。白水印见图 2-38。

图 2-38　白水印

4. 雕刻凹印

票面正面毛泽东头像、国徽、"中国人民银行"行名、对印面额数字与图案、装饰团花、盲文面额标记及背面主景、对印面额数字与图案等均采用雕刻凹版印刷，触摸有凹凸感。雕刻凹印见图 2-39。

图 2-39　雕刻凹印

5. 凹印对印面额数字与凹印对印图案

票面正面左下角、右上角和其对应的背面右下角、左上角有面额数字"5"和对印图案的局部图案。透光观察，正背面图案组成完整的面额数字与对印图案。票面年号改为"2020年"。凹印对印面额数字与凹印对印图案见图 2-40。

图 2-40　凹印对印面额数字与凹印对印图案

五、残缺、污损人民币的处理

依据《中国人民银行残缺污损人民币兑换办法》的规定，残缺、污损人民币是指票面撕裂、缺损，或因自然磨损、侵蚀，外观、质地受损，颜色变化，图案不清晰，防伪特征受损，不宜再继续流通使用的人民币。具体规定如下：

(1) 凡办理人民币存取款业务的金融机构(以下简称金融机构)应无偿为公众兑换残缺、污损人民币，不得拒绝兑换。

(2) 残缺、污损人民币兑换分"全额""半额"两种情况。

① 能辨别面额，票面剩余 3/4(含 3/4) 以上，其图案、文字能按原样连接的残缺、污损人民币，金融机构应向持有人按原面额全额兑换。

② 能辨别面额，票面剩余 1/2(含 1/2) 至 3/4 以下，其图案、文字能按原样连接的残缺、污损人民币，金融机构应向持有人按原面额的一半兑换。

(3) 纸币呈正十字形缺少 1/4 的，按原面额的一半兑换。

(4) 兑付额不足 1 分的，不予兑换；5 分按半额兑换的，兑付 2 分。

(5) 金融机构在办理残缺、污损人民币兑换业务时，应向残缺、污损人民币持有人说明认定的兑换结果。不予兑换的残缺、污损人民币，应退回原持有人。

(6) 残缺、污损人民币持有人同意金融机构认定结果的，对兑换的残缺、污损人民币纸币，金融机构应当面将带有本行行名的"全额"或"半额"戳记加盖在票面上；对兑换的残缺、污损人民币硬币，金融机构应当面使用专用袋密封保管，并在袋外封签上加盖"兑换"戳记。

(7) 残缺、污损人民币持有人对金融机构认定的兑换结果有异议的，经持有人要求，金融机构应出具认定证明并退回该残缺、污损人民币。持有人可凭认定证明到中国人民银行分支机构申请鉴定，中国人民银行应自申请日起 5 个工作日内做出鉴定并出具鉴定书。持有人可持中国人民银行的鉴定书及可兑换的残缺、污损人民币到金融机构进行兑换。

(8) 金融机构应按照中国人民银行的有关规定，将兑换的残缺、污损人民币交存当地中国人民银行分支机构。

六、假币的类型和特征

假币是真币的伴生物，自从货币诞生，假币就相伴而生。假币实际上是指伪造、变造的货币。其中，伪造的货币是指仿照真币图案、形状、色彩等，采用各种手段制作的假币。变造的货币是指在真币的基础上，利用挖补、揭层、涂改、拼凑、移位、重印等多种方法制作，改变真币原形态的假币。

（一）假币的类型

目前在流通中常见的假币有以下几种：

1. 拼制假币

拼制假币是采用从数张真人民币上依次剪下不同图案的一块，将剪下的不同图案拼凑后用透明胶带粘贴在一起，形成尺寸相近或略小于真人民币的剪制拼凑币。这种假币尽管所用的"材料"都是从真币上取下来的，但仍属于假币范畴，这种假币具有很强的欺诈性，如果遇到这种类型的人民币假币一定不要当成真币去接收，否则就会上当受骗。

2. 描绘假币

描绘假币是以真人民币为样本，用近似人民币的颜料、纸张，按照人民币图案、文字、花纹、线条等，使用简单的手工绘画手法进行伪造而成的假人民币，一般质量比较低劣。描绘假币的主要特征是：色泽浓淡不均，图案、线条不实，花纹不对称，尤其是币面上机雕部位失真较大，接线出现重叠或断裂，这种假币比较好辨认。

3. 蜡版假币

蜡版假币是用手工方法刻制蜡版，然后用油印机进行油印，并通过手工着色油彩而成的假人民币。其主要特征是：采用漏印工艺，在手工刻制过程中偏差较大，花纹图案失真较大，颜色与真币有很大偏差。

4. 雕刻假币

雕刻假币是将真币的不同特征分别复制到不同的板材上进行雕刻，将相同或相近颜色的图案、花纹制成小印版，再将若干小印版固定成型后采用多种方法伪造的假人民币。手工雕刻制版假币的主要特征是：上墨不均，定位不准，颜色重叠错位，图文模糊不清，有明显断线或空白现象。

5. 石印假币

石印假币是用石刻印刷的方法伪造而成的假人民币。其主要特征是：图案花纹、人像等不连贯，所有的线条粗糙、杂乱，失真度大，颜色与真人民币有一定偏差，多颜色较浓。

6. 拓印假币

拓印假币是利用化学药品溶解形成人民币花边图案的油墨，并通过物理方法使之转印到与人民币票幅等同的纸张上形成的假人民币。这种假币的主要特征是：假币表层涂有油脂，手感一般，但图案形态比较逼真。这种假币不容易识别，具有较强的欺诈性。

7. 照相假币

照相假币是采用照相手段，把真人民币图案进行翻拍后进行伪造而成的假人民币。其主要特征是：手感比较差，假币的纸面平滑无凹凸感，并且纸质极易断裂，颜色与真人民币有一定偏差，颜色不自然。

8. 剪贴假币

剪贴假币是将某些纸张、出版物、宣传品上印有的人民币图案剪贴拼凑而成的假人民币。这种假币犯罪分子出手时多数选择的是晚上和昏暗的场所。这类假币都外形粗糙，只要接收人稍有一些注意，即可识别出来。

9. 复印假币

复印假币是用复印设备复印而成的假人民币。它根据复印机的不同类型又分为黑白复印假人民币、彩色复印假人民币。这种假币的主要特征是：票面图案比较模糊，尺寸不太规则，票面没有凹凸感和暗记。

10. 剥离假币

剥离假币是将人民币正、反面分开，使一张人民币变成两张人民币。方法是将真币用小刀仔细分离为正、反面两张，然后分别用不透明的纸张在空白一面粘贴。这种假币如经透光观察，只能看见单面花纹图案，且剥离面粘贴的不透明纸张表面一般较为粗糙。这种假币在蒙混过关时，一般都以折叠形式，把真币面露在外面，而把不透明粘贴有纸张的一面藏在里面，如果收款人不加注意，极易被欺骗。

11. 感光假币

感光假币是用感光剂的作用，将百元人民币的模样复印在十元人民币上，使十元人民币暂时"变"成百元人民币。一般在若干小时后，这种百元假人民币就会恢复成十元人民币的面值。

12. 机制假币

机制假币是利用与印制人民币相同或相近的自动、半自动、大中小型印刷设备与技术伪造而成的假人民币。这种假币主要采用电子扫描分色机或照相机进行分色制版。其主要特征是：纸张以草浆为主，纸面平滑，在紫外线下有明显蓝色荧光反应，水印系加盖在纸张的表面，在紫外线下水印图案清晰可见，油墨灰暗无光泽，线条、花纹图案多为点状结构，接线有断裂或重接。这种机制假币一般都伪造数量大，形态逼真，多数人用肉眼一时不易辨认。

13. 高仿真假币

高仿真假币是近一二年出现的，其制作手法也基本与制作机制假币相同，但仿真手艺更高。这种仿真假币多是 100 元的。其主要特征是：假币的左边加重了凹凸感较强的印痕，手摸起来和真币相差不大，且同时也伪造了比较逼真的水印、安全线、阴阳互补对印图案等标志。这种假币的危害性更高于机制假币。难以辨认真伪的冠字号码以 HD90 打头，以及后来发现的以 CE86、CH3、C1F9 打头。C1F9 高仿真假币见表 2-4。

表 2-4　C1F9 高仿真假币

项目	假币特征描述	真假特征对比图	
		真币	假币
光变油墨面额数字	无变色效果		
水印	固定人像水印无立体感；白水印透光效果较差		
安全线	印刷而成，制作粗糙		

14. 铸造假币

铸造假币主要指的是硬币。现在人民币的铸币种类很多，如金银纪念币、普通纪念币、普通流通硬币。这种假币主要是采用翻砂技术对这些发行的各类硬币进行铸造形成的。其主要特征是：边齿花纹较浅，且排列不太均匀，硬币正反面图案有一些模糊，文字较粗糙，图案立体感不强，部分表面还有砂眼，分量较真硬币要轻一些。

15. 网络假币

网络假币，是指相互之间不见面，通过互联网，获取油墨纸张、打印软件程序，下载以后，自行打印的假币。其主要特征是：颜色没有真币的颜色靓丽，人物形象色彩不够圆润，边缘非常平滑。

（二）假币的特征

1. 假纸币的特征

假纸币通常具有以下几个方面的特征：

(1) 水印缺乏立体感和层次感，是用浅色油墨印上或在纸的夹层中涂上白色模糊物，然后压印上水印图章，水印所在的位置纸张偏厚。

(2) 手摸没有凹凸感，光变油墨面额数字不变色或颜色淡，且油墨深浅不一，图文平滑。

(3) 所绘制的图案颜色套不准，常常有断条、重复、留白的情况。

(4) 磁性不足或根本没有磁性，且安全线极易抽出。

(5) 在紫光灯下有的假币并没有汉语拼音和阿拉伯数字字样，有的虽能看出，但色彩偏白、偏淡。

(6) 无隐形面额的数字或者有隐形面额的数字且隐形面额数字不清。

2. 假硬币的特征

目前在市场上发现的假硬币主要有浇铸和压印两种造假方式，但不管是采用哪种方式造假，都与真硬币存在差异。假硬币通常具有以下几个方面的特征：

(1) 图纹模糊不清，缺乏层次感。

(2) 边缘厚薄不均匀，重量相差较大。

(3) 边部滚字深度不一，笔画不均匀，排列不整齐。

(4) 表面色泽发白，有刺眼感。

(5) 加工粗糙，有明显的毛刺现象。

七、假币的识别方法

（一）假纸币的识别方法

实务中，可以通过"一看""二摸""三听""四测"的方法来识别假币。

1. "一看"

"迎光透视"，真币的水印立体感很强，而假币的水印无立体感。"倾斜看"，真币的光变油墨面额数字垂直角度观察为绿色，倾斜一定角度观察为蓝色，而假币没有变色效果。除此之外，还可以看安全线，看整张票面图案是否单一或者偏色，看纸币的整体印刷效果，人民币真币使用特制的机器和油墨印刷，整体效果精美细致，假币的整体效果粗糙，工艺水平低。

2. "二摸"

我国现行流通的人民币 1 元以上面额的纸币采用的是凹版印刷技术。"轻轻触摸"，在光线较暗的情况下，可以用手指轻轻触摸钞票正面右侧的凹印手感线、上方"中国人民银行"字迹、中间团花、毛泽东头像等部位，真币有如浮雕一般的凹凸手感，而假币或平滑或经过造假者二次加工出现比较突兀、不均匀的凹凸感或者无凹凸感。

3. "三听"

人民币纸币所使用的纸张是经过特殊处理、添加有化学成分的纸张，挺括耐折，用手抖动或者用手指轻弹会发出清脆的声音。如果是假币，抖动或者弹击的声音发闷。

4. "四测"

在对钞票进行真伪鉴别时，一般可用 10 倍以上放大镜仔细观察票面的平印隔色、套色、对印是否准确，尤其是平凹接线技术是否一致，看票面上的胶印缩微文字是否清晰等；可用特定波长的紫外光灯检测无色荧光图案，看票面是否有无色荧光纤维，看钞纸是否有荧光反映；可用磁性检测仪测磁性印记；可用尺子来测量钞票的纸幅大小；还可把薄页纸敷在钞票水印位置上用铅笔轻拓，纸上会出现清晰的水印轮廓图等。

（二）假硬币的识别方法

(1) 观察颜色来辨别真假。

由于部分假硬币所使用的材质与真币不同，所以颜色上有一定的差异，有些假硬币缺乏金属光泽，甚至表面发乌，生锈，见图 2-41。

图 2-41　2001 年第四套人民币硬币样币假币对比

(2) 观察外形来辨别真假。

与真币相比，假硬币平整度较差，边部有起毛刺现象，且厚度不均匀；假硬币花纹模糊，图案缺乏层次和立体感；边缘滚字或丝齿清晰度、规整度较差，丝齿齿线不直，光洁度差，丝齿间距与真币不同，见图2-42。

图 2-42　样币假币边缘及图案对比

(3) 观察硬币的正背面图案方向是否一致。

当将硬币水平翻转会发现有些假硬币正背面之间存在一定倾斜角度，而真硬币正背面之间方向则完全一致，见图2-43。

真　　　　　　　　　假

图 2-43　样币假币反面图案对比

除此之外，我们还可以用测量称重、合金成分分析（仪器检测、化学分析）等方法来识别假硬币。

八、假币的收缴及处罚

（一）假币的收缴

依据中国人民银行令〔2019〕第 3 号《中国人民银行货币鉴别及假币收缴、鉴定管理办法》第三章规定：

(1) 金融机构在办理存取款、货币兑换等业务时发现假币的，应当予以收缴。

(2) 金融机构柜面发现假币后，应当由 2 名以上业务人员当面予以收缴，被收缴人不能接触假币。对假人民币纸币，应当当面加盖"假币"字样的戳记；对假外币纸币及各种假硬币，应当当面以统一格式的专用袋加封，封口处加盖"假币"字样戳记，并在专用袋上标明币种、券别、面额、张（枚）数、冠字号码（如有）、收缴人、复核人名章等细项。收缴单位向被收缴人出具按照中国人民银行统一规范制作的假币收缴凭证，加盖收缴单位业务公章，并告知被收缴人如对被收缴的货币真伪判断有异议，可以向鉴定单位申请鉴定。

(3) 金融机构在清分过程中发现假币后，应当比照前款假外币纸币及各种假硬币的收缴方式，由 2 名以上业务人员予以收缴。假币来源为柜面或者现金自助设备收入的，应当确认为误收差错，假币实物依照本办法第十三条处理。

(4) 假币收缴应当在监控下实施，监控记录保存期限不得少于 3 个月。

(5) 金融机构在收缴假币过程中有下列情形之一的，应当立即报告当地中国人民银行分支机构和公安机关：① 一次性发现假币 5 张（枚）以上和当地中国人民银行分支机构和公安机关发文另有规定的两者较小者；② 利用新的造假手段制造假币的；③ 获得制造、贩卖、运输、持有或者使用假币线索的；④ 被收缴人不配合金融机构收缴行为的；⑤ 中国人民银行规定的其他情形。

(6) 金融机构应当对收缴的假币实物进行单独管理，并建立假币收缴代保管登记制度，账实分管，确保账实相符。

(7) 金融机构应当将收缴的假币每月全额解缴到当地中国人民银行分支机构，不得自行处理。

(8) 金融机构所在地没有中国人民银行分支机构的，由其所在地上一级中国人民银行分支机构确定假币解缴单位。

(9) 被收缴人对收缴单位做出的有关收缴具体行政行为有异议，可以在收到假币收缴凭证之日起 60 日内向直接监管该金融机构的中国人民银行分支机构申请行政复议，或者依法提起行政诉讼。

（二）假币的处罚

金融机构开展货币鉴别和假币收缴，其他任何单位和个人如发现假币，不得擅自没收。中国人民银行及其分支机构授权的鉴定机构开展假币鉴定业务，有以下行为之一，但尚未构成犯罪，涉及假人民币的，按照《中华人民共和国人民币管理条例》的规定予以处罚；涉及假外币的，处以 1 000 元以上 3 万元以下的罚款：

(1) 在用现金机具鉴别能力不符合国家和行业标准的。

(2) 未按本办法规定组织开展机构内反假货币知识与技能培训，未按本办法规定对办理货币收付、清分业务人员的反假货币水平进行评估，或者办理货币收付、清分业务人员不具备判断和挑剔假币专业能力的。

(3) 未按本办法规定采集、存储人民币和主要外币冠字号码的。

(4) 未按本办法规定建立货币鉴别及假币收缴、鉴定内部管理制度和操作规范的。

(5) 发生假币误付行为的。

(6) 与客户发生假币纠纷，在记录保存期限内，金融机构未能提供相应存取款、货币兑换等业务记录的。

(7) 发现假币而不收缴的。

(8) 未按本办法规定收缴假币的。

(9) 未按本办法规定将假币解缴中国人民银行分支机构的。

(10) 应当向公安机关报告而不报告的。

(11) 无故拒绝受理收缴单位或者被收缴人提出的货币真伪鉴定申请的。

(12) 未按本办法规定鉴定货币真伪的。

(13) 不当保管、截留或者私自处理假币，或者使已收缴、没收的假币重新流入市场的。

实务中，拒绝、阻挠、逃避中国人民银行及其分支机构检查，或者谎报、隐匿、销毁相关证据材料的，有关法律、行政法规有处罚规定的，依照其规定给予处罚；有关法律、行政法规未作处罚规定的，由中国人民银行及其分支机构予以警告，并处 5 000 元以上 3 万元以下的罚款。

九、人民币识别训练

收到假币是很郁闷的事情。不经常接触钱的人对假币的认识是不够的，很多新型的假币也让人很难识别，那么怎么识别人民币呢？请结合前面所学知识，从自己身上掏出一张人民币来识别吧，并把识别的方法及特点写下来。

任务三　手工点钞技能与训练

现金出纳是财会部门的主要业务之一，做好出纳工作，对于保证资金的正常运转，加强经济核算以及监督具有重要意义。然而，清点钞票是一项比较重要的、技术性很强的工作，要求达到迅速、准确并能鉴别真假，掌握过硬的点钞技能，对现金出纳是非常重要的。

一、手工点钞概述

点钞就是整理、清点钞票，使进出钞票的数量和质量得以保证。现在，不仅金融系统而且其他部门的现金流量都很大，对于出纳人员来说，清点钞票是一项经常的、大量的、技术性很强的工作。点钞速度的快慢直接关系到银行资金周转，货币流通的速度。因此，点钞技术是出纳人员的必备技能之一，点钞技术的质量和效率是考核出纳人员业务素质的重要指标，学好点钞技术是做好出纳工作的基础。同样，在金融行业，点钞是作为银行柜员的考核技能之一。

二、手工点钞的程序及要求

（一）手工点钞的程序及要领

1. 手工点钞的程序

拆把：把待点的成把钞票的封条拆掉。

点数：手点钞，脑计数，点准一百张。

扎把：把点准的一百张钞票踏齐，用腰条扎紧。

盖章：在扎好的钞票的腰条上加盖经办人名章，以明确责任。

2. 手工点钞的要领

手工点钞的要领就是要做到"准""快""好"。

"准"，是钞券清点不错不乱，准确无误。要做到点数准确无误，除了平时要勤学苦练基本功外，在训练过程中要做到"一集中、二坚持、三准备、四对清"。"一集中"，即注意力集中；"二坚持"，即坚持训练，坚持复核；"三准备"，即思想、款项、工具准备；"四对清"，即凭证金额看清，钞票当面点清，号单对清，钞票付出当面交代清。

"快"，是在准的前提下，加快点钞速度，提高工作效率。

"好"，是清点的钞券要符合"把钱捆好的要求"。

综上所述，"准"是做好现金收付和整点工作的基础和前提，"快"和"好"是银行加速货币流通、提高服务质量的必要条件。因此学习点钞，首先要掌握基本要领。基本要领对于哪一种方法都适用，在人民币的收付和整点中，要把混乱不齐、折损不一的钞票进行整理，使之整齐美观。

（二）手工点钞的要求

1. 姿势要正确

点钞时坐姿如何，会直接影响点钞技术的发挥与提高。正确的坐姿会使点钞时肌肉放松，活动自如，动作协调，减轻劳动强度；相反，不正确的坐姿会使点钞时肌肉紧张，动作生硬，不协调，增强劳动强度。正确的姿势应该是身体坐直、挺胸、自然、全身肌肉放松，双肘自然放在桌上，持票的左手腕都接触桌面，右手腕部稍抬起。另外，在进行手工点钞时，捻钞的手指与钞票的接触面要小，这样能使票面捻出后迅速弹出。如果接触面大了，一方面手指往返动作的幅度也会随之增大，另一方面钞票也不容易自然弹出，最终会影响点钞速度。

2. 钞票要清理整齐

由于企业或银行收进的钞票中可能有些会破损、弯折，所以在清点钞票之前，要将那些破裂、折角、揉搓过的钞票整直、抹平。整齐、平直的钞票有利于点钞的准确性，这是点准钞票的前提。将钞票清理好后，将一百张扎成一把，成坡形放在桌面上堆放整齐，对手工点钞来说，一般置于持钞的一侧，大多在左侧。

3. 用具放置要适当

点钞时，需用的凭证、笔、海绵、印泥、印章、纸条（也称扎条、腰条）或点钞机具等要根据自己平常工作习惯，按固定位置放好。一般将扎条放在捻钞的一侧，大多放在右侧，以最有利于使用和配合钞票的放置为原则。

4. 动作要连贯

动作连贯是提高点钞技术的质量和效率的必要途径。它包括两方面内容：一是指点钞过程要连贯，即拆把、持钞、捻钞、蹾齐、扎把、盖章等每个环节必须紧密配合，环环扣紧，如点完一百张蹾齐钞票的同时左手持票，右手取纸条，随即左手的钞票跟上去迅速扎好小把，在左手放钞票的同时，右手取另一把钞票等，这是扎把与持票之间动作的连贯。不管是手工点钞还是机器点钞，第一组连续动作和第二组连续动作之间，要尽量缩短或不留空隙时间，当一组的最后一个动作即将完毕时，第二组的第一个动作应该快速跟上，以保持连续性。二是指捻钞的动作要连贯，即捻钞时双手动作协调，速度均匀，切勿忽快忽慢。

5. 开扇要均匀

钞票在清点前，可以把票面打成扇形或坡形，使票面有一个坡度，也就是扇面上每张钞票的间隔距离必须一致，使之在捻钞过程中不易夹张。

6. 钞票要蹾齐

蹾齐是点钞技术中不可缺少的一个环节，它直接影响扎把的质量，从而影响点钞技术的整体质量。它包括两个方面：一是点完一把钞票在进行扎把之前，首先要把钞票蹾齐，其标准是四条边水平，卷角要拉平，不露头或呈梯形错开；二是在每一把钞票点好之后，应该同点钞之前一样，整齐置放于捻钞的一侧，以利于盖章。如果钞票点好后没有放置整齐，而是横七竖八地放置，最后盖章时就会手忙脚乱，从而影响整个点钞过程的速度。

7. 扎把要捆紧

扎把要捆紧包括小把要扎紧，大捆要捆紧。首先是小把要扎紧。每把钞票点完后，如果正确无误，应扎上纸条，并将原纸条拆掉（称为"拆把"，拆把有时在点钞之前，有时在点钞之后），扎把要紧，扎好纸条以后，以提起第一张钞票不被抽出为准。如果在点完钞票之后，发现有多余或缺少，则可在原纸条上写"+1""+2""+3""-1""-2"等字样，并放在旁边。其次是大捆要捆紧。大捆就是点准的十把钞票为一捆，将十把钞票蹾齐捆紧，应以"井"字型捆扎，做到用力推不变形，抽不出票。

8. 盖章要清晰

盖章是点钞过程的最后一环，是分清责任的标志。当钞票点完后，应在纸条上加盖点钞人名章，表示对此把钞票的质量和数量负责。因此，盖章必须要清晰，以看得清行名、姓名为准。

三、手工点钞的方法

点钞可分为手工点钞和机具点钞，机具点钞易学易懂。目前，虽然许多单位配备了点钞机，但由于种种原因，机器点完后，出纳人员往往还要用手工再行点验。这就要求出纳人员必须熟练掌握一种机器点钞和几种手工点钞的方法，刻苦训练，以达到能够既快又准地点验钞票。手工点钞的方法很多，大致有单指单张点钞法、单指多张点钞法、多指多张点钞法、扇面式点钞法。

（一）单指单张点钞法

单指单张点钞法是指用一个手指一次点一张的方法，这是点钞中最基本也是最常用的一种方法。它的优点是使用范围较广，频率较高，适用于收款、付款和整点各种新旧大小钞票；同时，由于持票面小，能看到票面的 3/4，容易发现假钞票及残破票。它的缺点是点一张计一个数，比较费力。操作方法：持票→清点→计数。

1. 持票

左手横执钞票，下面朝向身体，左手拇指在钞票正面左端约 1/4 处，食指与中指在钞票背面与拇指同时捏住钞票，无名指与小指自然弯曲并伸向票前左下方，与中指夹紧钞票，食指伸直，拇指向上移动，按住钞票侧面，将钞票压成瓦形，左手将钞票从桌面上擦过，拇指顺势将钞票向上翻成微开的扇形，同时，右手拇指、食指作点钞准备，见图 2-44。

图 2-44　单指单张持票

2. 清点

左手持钞并形成瓦形后，右手食指托住钞票背面右上角，用拇指尖逐张向下捻动钞票右上角，捻动幅度要小，不要抬得过高。要轻捻，食指在钞票背面的右端配合拇指捻动，左手拇指按捏钞票不要过紧，要配合右手起自然助推的作用。右手的无名指将捻起的钞票向怀里弹，要注意轻点快弹，见图2-45。

图 2-45　清点

3. 计数

计数与清点同时进行。在清点速度快的情况下，往往由于计数迟缓而影响点钞的效率，因此计数应该采用分组计数法。把10作1计，即1，2，3，4，5，6，7，8，9，1(即10)；1，2，3，4，5，6，7，8，9，2(即20)；以此类推，数到1，2，3，4，5，6，7，8，9，10(即100)。采用这种计数法计数简单快捷，但是要注意，计数时应默记，不要念出声，做到脑、眼、手密切配合，既准又快。

（二）单指多张点钞法

单指多张点钞法是指点钞时，一指同时点两张或两张以上的方法。这种点钞法除了计数和清点外，其他均与单指单张点钞法相同。它的优点是点钞时计数简单省力，效率高，适用于收款、付款和各种券别的整点工作。它的缺点是在一指捻几张时，由于不能看到中间几张的全部票面，所以假钞和残破票不易发现。操作方法：持票→清点→计数。

1. 持票

左手横执钞票，下面朝向身体，左手拇指在钞票正面左端约1/4处，食指与中指在钞票背面与拇指同时捏住钞票，无名指与小指自然弯曲并伸向票前左下方，与中指夹紧钞票，食指伸直，拇指向上移动，按住钞票侧面，将钞票压成瓦形，左手将钞票从桌面上擦过，拇指顺势将钞票向上翻成微开的扇形，同时，右手拇指、食指作点钞准备。

2. 清点

清点时，右手食指放在钞票背面右上角，拇指肚放在正面右上角，拇指尖超出票面，用拇指肚先捻钞。单指双张点钞法，拇指肚先捻第一张，拇指尖捻第二张。单指多张点钞法，拇指用力要均衡，捻的幅度不要太大，食指、中指在票后面配合捻动，拇指捻张，无名指向怀里弹。在右手拇指往下捻动的同时，左手拇指稍抬，使票面拱起，从侧边分层错开，便于看清张数，左手拇指往下拨钞票，右手拇指抬起让钞票下落，左手拇指在拨钞的同时下按其余钞票，左右两手拇指一起一落协调动作，如此循环，直至点完。

3. 计数

采用分组计数法。例如，点双数，两张为一组计一个数，50 组就是 100 张。

（三）多指多张点钞法

多指多张点钞法是指点钞时用小指、无名指、中指、食指依次捻下一张钞票，一次清点四张钞票的方法，也叫四指四张点钞法。它的优点是省力、省脑，而且效率高，能够逐张识别假钞票和挑剔残破钞票，适用于收款、付款和整点工作。操作方法：持票→清点→计数。

1. 持票

用左手持钞，中指在前，食指、无名指、小指在后，将钞票夹紧，四指同时弯曲将钞票轻压成瓦形，拇指在钞票的右上角外面，将钞票推成小扇面，然后手腕向里转，使钞票的右里角抬起，右手五指准备清点，见图 2-46。

图 2-46　多指多张持票

2. 清点

右手腕抬起，拇指贴在钞票的右里角，其余四指同时弯曲并拢，从小指开始每指捻动一张钞票，依次下滑四个手指，每一次下滑动作捻下四张钞票，循环操作，直至点完 100 张，见图 2-47。

图 2-47　清点

3. 计数

采用分组计数法。每次点四张为一组，计满 25 组为 100 张。

（四）扇面式点钞法

扇面式点钞法是指把钞票捻成扇面状进行清点的方法。它的优点是速度快，也是手工点钞中效率最高的一种，只适合清点新票币。它的缺点是不适于清点新、旧、破混合钞票。操作方法：持票→开扇→清点→计数→合扇→扎把→盖章。

1. 持票

钞票竖拿，左手拇指在票前下部中间票面约 1/4 处；食指、中指在票后同拇指一起捏住钞票，无名指和小指拳向手心；右手拇指在左手拇指的上端，用虎口从右侧卡住钞票成瓦形，食指、中指、无名指、小指均横在钞票背面，做开扇准备，见图 2-48。

图 2-48　扇面式手持票

2. 开扇

开扇是扇面点钞的一个重要环节，扇面要开得均匀，为点数打好基础，做好准备。其方法是：以左手为轴，右手食指将钞票向胸前左下方压弯，然后再猛向右方闪动，同时右手拇指在票前向左上方推动钞票，食指、中指在票后面用力向右捻动，左手指在钞票原位置向逆时针方向画弧捻动，食指、中指在票后面用力向左上方捻动，右手手指逐步向下移动，至右下角时即可将钞票推成扇面形；如有不均匀的地方，可双手持钞抖动，使其均匀；打扇面时，左右两手一定要配合协调，不要将钞票捏得过紧，如果点钞时采取一按十张的方法，扇面要开小些，便于点清，见图2-49。

图 2-49　扇面形状

3. 清点

左手持扇面，右手中指、无名指、小指托住钞票背面，拇指在钞票右上角 1 cm 处，一次按下 5 张或 10 张；按下后用食指压住，拇指继续向前按第二次，以此类推，同时左手应随右手点数速度向内转动扇面，以迎合右手按动，直到点完 100 张为止，见图2-50。

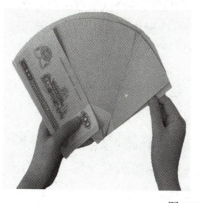

图 2-50　清点

4. 计数

采用分组计数法。一次按 5 张为一组，计满 20 组为 100 张；一次按 10 张为一组，计满 10 组为 100 张。

5. 合扇

清点完毕合扇时，将左手向右倒，右手托住钞票右侧向左合拢，左右手指向中间一起用力，使钞票竖立在桌面上，两手松拢轻蹾，把钞票蹾齐，准备扎把。

6. 扎把

扎把的方法分为缠绕式和拧结式两种。

(1) 缠绕式扎把法是将钞票蹾齐、横立，左手拇指在钞票前，中指、无名指、小指在背后，食指在上侧把钞票分一条缝，右手将纸条在票面 1/2 或 1/4 处插入缝内，抽出右手食指并移至背面，大拇指捏住插纸处下压，使钞票呈弧形，右手将纸条由外向里 (怀里) 缠绕两圈，沿着上侧边再折 45°。折时，左手食指按住上侧腰条，右手大拇指、食指折，顺势用大拇指将尾端插入圈内，最后将钞票按平即可。

(2) 拧结式扎把法是将钞票蹾齐、横立，右手取纸条，1/3 处搭在钞票上侧 1/2 处，用左手大拇指按在钞票前，食指在侧边按住纸条，中指、无名指、小指在背面；然后，右手用大拇指和食指捏住纸条上的一端向外缠绕半圈，用无名指和中指夹住短的一头拉下，同时将钞票捏成弧形，两头在钞票背面合拢拉紧，左手将钞票向外转动半圈，拧好纸条打成蝴蝶结。这种方法美观、牢固，但需选用抗拉力较强的纸，如牛皮纸等；缺点是因中间有结，捆钞时中间高、两头低。

7. 盖章

每点完一把钞票都要盖上图章，图章应盖在钞票上侧的纸条上，印章要清晰，以明确责任。

四、整点硬币的方法

在实际工作中，整点硬币一般有手工整点硬币和工具整点硬币两种方法。由于在出纳现金收付工作中硬币使用非常少，所以大多数情况下采用的是手工整点硬币法。

（一）手工整点硬币

手工整点硬币一般分为拆卷、清点、计数、包装、盖章五个环节。

1. 拆卷

右手持硬币卷的 1/3 处，放在待清点后包装纸的中间，包装纸平放在桌子上，左手撕开硬币包装纸的一头，然后右手大拇指向下从左至右端压开包装纸，把纸压开后左手食指平压硬币，右手抽出已压开的包装纸。这时便可开始清点。

2. 清点

由右向左分组清点。清点时，以右手大拇指和食指持币分组清点，为保证准确，用中指从一组中间分开查看，如一次清点 16 枚为一组，即从中间分开一边为 8 枚；如一次清点 18 枚为一组，则一边为 9 枚。

3. 计数

采用分组计数法，一组为一次，如以 10 枚为一组进行清点，则每点 10 枚为一组，记满 10 组为 100 枚，其他依此类推。

4. 包装

清点完毕后，用双手的无名指分别顶住硬币的两头，用大拇指和食指、中指捏住硬币的两端，将硬币取出放在已备好的包装纸的 1/2 处，再用双手大拇指把里半部的包装纸向外掀掖在硬币底下，然后用右手掌心用力向外推卷，接着用双手的中指、食指、大拇指分别将两端包装纸压至硬币上。其压法分别是：中指将两端包装纸从上面压到下面，大拇指将后面的包装纸向前压，食指将前面的包装纸向后压，都贴至硬币上，再用大拇指、食指向前推币。

5. 盖章

硬币包装完毕后，用左手掌心推动硬币向前滚动，右手将图章按在硬币的右端，顺势同时滑动，使印章盖得又快又清晰。

（二）工具整点硬币

工具整点硬币，一般分为拆卷、清点、包装、盖章四个环节。

1. 拆卷

拆卷有两种方法，即震裂法和刀划法。

震裂法拆卷：以双手的大拇指和食指、中指捏住硬币的两端向下震动，震动的同时左手稍向里扭动，右手稍向外扭动。用力要适度，不要使硬币震散。包装纸震裂后，取出震裂的包装纸准备清点。

刀划法拆卷：首先要在硬币整点器的右端安装一个刀刃向上的刀片，拆卷时双手的大拇指、食指、中指捏住硬币的两端，从右端向左端从刀刃上划过，这样使包装纸被刀刃划开一道口子，硬币进入整点器盘内，然后把被划开的包装纸取出准备清点。

2. 清点

硬币放入整点器内进行清点，用双手食指抚在整点器的两端，大拇指推动弹簧轴，眼睛从左端看到右端，看清每格内是否 5 枚。一次看清，如有氧化变形及伪币随时剔出，如数补充后准备包装。

3. 包装

双手无名指和小指并拢顶住币槽内硬币两端，食指和中指在币卷前，拇指在币卷后中间，同时紧紧捏住，从币槽内提出，放在两角包装纸中间。后面与手工整点硬币包装方法相同。

4. 盖章

工具整点硬币的盖章方法与手工整点硬币盖章方法相同。

五、手持式单指单张点钞法训练

根据下列步骤完成手持式单指单张点钞法的训练。

1. 坐姿端正

坐姿的正确与否直接影响点钞的速度和质量。

标准坐姿：挺胸直腰，两脚平放地面，身体自然放松，双手协调配合。

2. 放置得当

点钞所用物品按使用顺序在固定位置放好，以便点钞时使用顺手。

桌面左上方放未清点的钞票，中间放海绵缸、甘油、笔和印章等，右上方放扎钞条、已清点的钞票。

3. 动作规范

(1) 持钞（夹、顶、推），左手起钞，中指、无名指夹紧钞票左端，如图 2-51 所示。

图 2-51　单指单张持钞图

(2) 左手食指和拇指从两侧轻握钞票，左手食指顶住钞票背部，拇指夹推钞票正面，右手协调配合，使钞票面呈扇形，如图 2-52 所示。

图 2-52　单指单张握钞图

(3) 清点（捻、弹），左手食指和中指在背面顶住钞票，右手拇指轻触钞票右上角，指尖向下捻动（幅度不宜过大），右手食指在钞票背面配合拇指捻动，并由无名指将捻动的钞票向怀里弹下，要轻点快弹，如图 2-53 所示。

图 2-53　单指单张点钞图

(4) 残钞 (折)，清点时，发现假钞、残损钞票，应将其向上折起，不要立刻抽出，待整把清点结束后再抽出，并补齐钞票，如图 2-54 所示。

图 2-54　单指单张折钞图

4. 点数准确

计数与清点同时进行，清点钞票时心中准确默计数目。计数方法可以从 1 数到 100，还可以以 10 为一组，逢 10 进 1，即

1, 2, 3, 4, 5, 6, 7, 8, 9, 1(即 10)

1, 2, 3, 4, 5, 6, 7, 8, 9, 2(即 20)

……

1, 2, 3, 4, 5, 6, 7, 8, 9, 10(即 100)

5. 扎把牢固

扎把捆钞是点钞过程中的一个重要环节。

(1) 双手将钞票蹾齐向上，如图 2-55 所示。

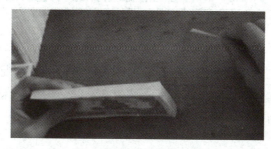

图 2-55　单指单张整钞图

(2) 左手横握钞票并将钞票捏成瓦状，左手拇指在前，其余四指在钞票背部。右手迅速将捆钞条一端纵向压在左手食指下，右手拇指与中指拉动捆钞条的一端由上往下转圈。

(3) 当捆钞条旋转两圈至钞票上端时，将捆钞条向右折起45°，迅速用右手中指将其从底部向左塞过去，顺势收紧后，将扎紧的钞票压平即可，如图2-56所示。

图 2-56 单指单张捆钞图

(4) 扎把要扎得牢固、结实。随意拿起钞票，做到不散把，就算扎把成功。

6. 盖章清晰

钞票扎把完成后，右手快速拿起印章，在钞票上侧面的扎钞条上盖章。也可以几把一起盖章，如图2-57所示。印章要盖得清晰、工整，以明确经济责任。

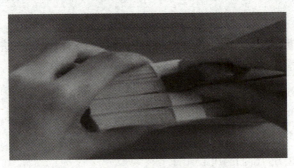

图 2-57 盖章图

任务四　防伪点钞机使用技能与训练

防伪点钞机是一种自动清点钞票数目的机电一体化装置，一般带有伪钞识别功能、集计数和辨伪钞票于一体。由于国内现金流通规模庞大，各企事业单位及金融机构现金处理工作繁重，防伪点钞机已成为不可缺少的设备。随着印刷技术、复印技术和电子扫描技术的发展，伪钞制造水平越来越高，必须不断提高点钞机的辨伪性能。防伪点钞机见图2-58。

图 2-58　防伪点钞机

一、防伪点钞机的基本功能

防伪点钞机是由捻钞轮、压钞轮、接钞轮、机架、电机、变压器、电子电路等多部分组成，具有材料环保无毒、不老化、抗摔等特点，并且选用优质塑料制成，采用 220V 标准电压供电，还有语音提示、识别多种货币和多种鉴伪功能，适合银行、商场、酒店等场所使用。根据其功能可分为普通型点钞机、半智能型点钞机和全智能型点钞机。

（一）普通型点钞机

普通型点钞机，就像以前的模拟手机一样，功能少，质量比半智能型和全智能型都差。半智能型和全智能型点钞机的功能就像现在的数字手机一样，功能全，工作稳定。所以普通型点钞机的功能少，检测功能也不齐，这样的机器只针对钱流量极少的商品零售店。

（二）半智能型点钞机

半智能型点钞机分为 A 型和 B 型。这种机型功能比较齐全，适合钱流量一般的情况，平均每天可点几万元到十万元左右，对第四套人民币不要求能区分出来。其功能如下：

1. 半智能 A 型

半智能 A 型第一个特点为第四套人民币（四个人的头像）的 100 元和 50 元同时过机时不能分辨出来，即第四套 100 元和 50 元能混过，不能停机提示，只能识别其真假，其识别真假的能力为全智能型点钞机的一半。通过这一点就可能轻松分辨出你买的点钞机是半智能型还是全智能型点钞机。半智能 A 型第二个特点是针对第五套人民币（只有毛主席的头像），可显示面额出来，并只能区分第五套人民币的不同面额。

2. 半智能 B 型

半智能 B 型不能分辨第四套人民币大小（只能识别其真假），不能像 A 型一样有面额显示，只能区分第五套人民币的不同面额。

（三）全智能型点钞机

全智能型点钞机功能齐全，适合钱流量大的情况，平均每天可点十万张以上，并能区分第四套人民币。全智能型点钞机又分为两类：

全智能点钞机具备普通型点钞机和半智能型点钞机的全部功能，其特别突出的功能有两点：首先，有金额累加功能；其次，有自动面额显示功能，能区分各种不同面额的纸币，同时具有提示功能、冠字号识别功能和联网升级功能。

二、防伪点钞机的种类

防伪点钞机的功能有两个：一是点钞；二是识别纸币的真伪。实际中，通常也将点钞机称为验钞机。它主要分为如下几类：

（一）便携式掌上激光验钞机

便携式掌上激光验钞机是一种外形与手机差不多的人民币纸币鉴别仪，具有短、小、轻、薄和人性化的设计特点，其功能多样化，准确性高且节能。便携式掌上激光验钞机是一款稳定性好、科技含量高的电子产品。

便携式掌上激光验钞机外形小巧，美观大方，在检验功能上以激光技术为主，以红外线和荧光检验为辅。外置 4.5～12 V DC-AC 电源无极性输入端口，可以更方便地使用外接电源。在使用外接电源时，内电路自动进行内外电源转换，无须担心内电源的安危和能量损耗。另外，此产品具有内电源接反保护，内接、外接电源过压 (15 V)、欠压 (3.5 V) 和负载的过流 (800 mA)、短路保护功能，并在保护功能启动后彻底关断电源，保护电源，阻止仪器进一步损坏。使用者无须担心仪器损坏，可以放心使用。

（二）便携台式激光验钞机

便携台式激光验钞机一般体积都比较大，与台式静态激光验钞机差不多。其不同之处是：该产品可以用干电池或只用干电池作为仪器电源，方便携带。在功能上，它和台式静态激光验钞机差不多。

（三）台式静态激光验钞机

台式静态激光验钞机是一种体积等于或稍大于便携式激光验钞机的常用验钞仪器，具有同类产品不可比拟的功能。它具有激光检验、光谱检验、荧光检验和红外线检验等多种检验功能，外置专用验钞紫光灯灯管。它还具有声 (语音) 光报假、延时睡眠等功能。如果第一次使用台式静态激光验钞机，不要有太多顾虑，只需将仪器接上电源，打开电源开关，听到语音广告和看到电源指示灯发光 (稳定发光) 后，就可对钞票进行检验了。

（四）台式动态激光验钞机

台式动态激光验钞机是一种电动式非点钞工作方式的激光验钞机具，在功能上不一定设置计数功能。它是台式静态激光验钞机的一种变身，但由于涉及电动机构，其电路和机芯的设计都比较复杂。台式动态激光验钞机具有自动进钞、自动退假、真假钞票自动分置的功能。它具有激光检验、磁性检验 (磁编码和安全线检验)、光谱检验、荧光检验、红外线检验和雕刻图像特性检验等检验功能，可以很准确地检验出各种假币，可以说是逼真假币和拼凑型假币的真正克星。

台式动态激光验钞机在电源部分采用独特的全桥型无电网干扰的隔离滤波电源，其各功能的实现都采用了智能处理电路，因而其性能更稳定、更可靠。它在市电电压为 85～320 V 的范围内工作，消耗电功率最大为 8 W。它的钞票进仓口设在仪器的上方，真、假出钞口分别设在仪器的前、后方。验钞时，只需接通电源，听到语音广告和看到电源指示灯发光后，就可以将钞票从上方的进钞口放入 (钞票正面朝上)，仪器检测到仓口的钞票后，启动转动机构，将钞票送入机仓进行检验。

三、防伪点钞机的辨伪方式

辨伪是指通过检测人民币的固有特性来分辨真假人民币。点钞机是机电一体化产品，涉及机械、电、光、磁等多个领域的知识。

（一）荧光检测

荧光检测的工作原理是：对人民币的纸质进行检测。人民币采用专用纸张制造 (含 85% 以上的优质棉花)，假钞通常采用经漂白处理后的普通纸张进行制造，经漂白处理后的纸张在紫外线 (波长为 365 nm 的蓝光) 的照射下会出现荧光反应 (在紫外线的激发下衍射出波长为 420～460 nm 的蓝光)，人民币则没有荧光反应。所以，用紫外光源对运动钞票进行照射并同时用硅光电池检测钞票的荧光反应，可判别钞票真假。为排除环境光对辨伪的干扰，必须在硅光电池的表面安装一套透过波长与假钞荧光反应波长一致的滤色片。

在荧光检测中，需要注意两个问题：

(1) 检测空间的遮光。外界光线进入检测空间会造成误报。

(2) 紫外光源和光电池的防尘。在点钞过程中有大量粉尘，这些粉尘黏附在光源表面会削弱检测信号，造成漏报。

对第五版人民币，可同时检测荧光字 (无色荧光油墨印刷，用另一硅光电池检测，滤色片透过波长和真钞荧光反应波长一致) 以提高辨伪效果。

（二）磁性检测

磁性检测的工作原理是：大面额真钞 (20、50、100 元) 的某些部位是用磁性油墨印刷的，通过一组磁头对运动钞票的磁性进行检测，通过电路对磁性进行分析，从而辨别钞票的真假。

在磁性检测中，要求磁头与钞票摩擦良好。磁头过高则冲击信号大，会造成误报；磁头过低则信号弱，会造成漏报。通过控制磁头的高度（由加工和装配保证）和在磁头上方装压钞胶轮可满足检测需要。

人民币的磁性检测方法可分为四种：

(1) 检测有无磁性。市场上的点钞机多采用此种方法，由于制造容易，故此种方法伪钞辨出率低。

(2) 按磁性分布检测磁性。采用两组或三组磁头分路检测磁性，辨伪水平可提高一个档次，市场上部分点钞机采用此种方法。

(3) 检测第五版人民币金属丝磁性。根据对示波器的观测，金属丝的磁性是很有规律的矩形波，且量值也很准确，由于很难仿制，因而利用这个特性将大大提高辨伪水平。

(4) 检测第五版人民币横号码磁性。由于横号码是一组带有一定磁性的数字，对横号码的磁性数量和大小进行检测，辨伪水平可大大提高。

（三）红外穿透检测

红外穿透检测的工作原理是：由于人民币的纸张比较坚固，密度较高以及用凹印技术印刷的油墨厚度较高，因而对红外信号的吸收能力较强，利用这些特点可以辨别钞票的真假。人民币的纸质特征与假钞的纸质特征有一定的差异，用红外信号对钞票进行穿透检测时，它们对红外信号的吸收能力不同，利用这一原理，可以实现辨伪。需要注意的是，油墨的颜色与厚度同样会造成红外穿透能力的差异。因此，必须对红外穿透检测的信号进行数学运算和比较分析。

（四）激光检测

激光检测的工作原理是：用一定波长的红外激光照射第五版人民币上的荧光字，会使荧光字产生一定波长的激光，通过对此激光的检测可辨别钞票的真假。由于仿制困难，故激光检测用于辨伪很准确。

（五）光谱图像检测

光谱图像检测的工作原理是：对纸币进行一个波段或两个（含）以上波段独自全幅成像、采集、分析、记录，从而实现纸币的真伪鉴别。它的横、纵向分辨率均在 25 dpi（含）以上，包含紫外图像分析鉴别技术、白光图像分析鉴别技术、红外图像分析鉴别技术、多光谱图像分析鉴别技术等。

（六）多光谱检测

多光谱检测的工作原理是：以不同波长的 LED 颗粒排列成矩阵的多光谱光源和透镜阵列形成光路系统，用于发射光线并将人民币上的反射光聚焦到图像传感器单元阵列上，运用多光谱图像传感器的图像分析功能对钞票进行真伪鉴别。

（七）数字量化检测

数字量化检测的工作原理是：使用高速并行 AD 转换电路，高保真采集信号，对紫外光量化分析，可检测有微弱荧光反应的伪钞；对人民币的磁性油墨进行定量分析，对红外油墨进行定点分析，运用模糊数学理论，将一些边界不清、不容易定量的因素定量化，并建立安全性能评估的多级评估模型，对钞票进行真伪鉴别。

（八）宽度检测

宽度检测由码盘与计数管相结合来检测人民币票面的宽度。

四、防伪点钞机的常见故障

1. 开机后无显示

针对防伪点钞机开机后无显示的情况，出纳人员应该检查以下几个方面：
(1) 检查电源的插座是否有电。
(2) 检查点钞机的插头是否插好。
(3) 检查点钞机的保险丝是否已熔断。

2. 开机后出现故障提示代码

实务中，防伪点钞机一般具有故障自检功能，开机后点钞机就自诊是否有故障。不同的点钞机，故障代码也不一样。具体用法请参考使用说明书。

3. 计数不准

针对防伪点钞机计数不准的情况，出纳人员应该检查以下几个方面：
(1) 调节托钞盘后部的垂直螺丝，顺时针拧一周或两周。
(2) 清理光电计数传感器上的积尘 (除尘)。
(3) 清尘后不能恢复正常，检查阻力橡皮、捻钞轮是否严重磨损，换完后再进行调整。
(4) 调节送钞台光电计数器传感器的对正位置。

4. 荧光鉴伪不报警或检伪灵敏度降低

针对防伪点钞机荧光鉴伪不报警或检伪灵敏度降低的情况，出纳人员应该检查以下几个方面：
(1) 调节电路板灵敏度按键或灵敏度调节电位器 (荧光鉴伪的灵敏度)。
(2) 检查荧光灯管光传感器 (紫光灯探头) 是否积灰尘。
(3) 检查荧光灯管是否老化。

5. 启停方式失灵

针对防伪点钞机启停方式失灵的情况，出纳人员应该检查以下几个方面：
(1) 送钞传感器是否积灰尘。

(2) 若送钞传感器和主电路板连接开路，接好即可。

(3) 点钞机皮带是否折断。

五、防伪点钞机的操作训练

实务中，出纳人员可以根据以下步骤完成防伪点钞机的操作训练。

(1) 打开电源开关，蜂鸣器发出嘀声开始进行自检，停机后再开始点钞。

(2) 点钞时先整理钞票，为便于钞票的分张及下钞的流畅，对于压紧的纸币应拍松后再捻开，否则容易下"双张"或出现"拥塞"现象。对于待清点的钞票，最好捻开成一个前低后高的斜面，平整地放入喂钞台，使钞票从上面第一张依次自然下滑，通过捻钞轮进入机器内。

(3) 随着点钞机开始工作，握钞的手指逐渐松开，切不可往下推挤钞票。喂钞台内的钞票清点完毕后，机器可以自动停止。

(4) 机器运行时，操作人员要认真进行检查，如发现有假钞、钞票破损或有其他异物，或者有绵软、霉烂的钞票时，要立即剔除，然后再继续清点。

(5) 清点过程中若发现假钞，机器就会自动停止，蜂鸣器发出"嘀嘀嘀"几声报警信号，或在任意工作状态下指示灯亮，并且闪烁，计数显示窗显示鉴伪方式显示符，取出假钞后按任意键继续清点。

(6) 操作完毕，要检查机器上是否有遗漏的钞票。

任务五　传票翻打技能与训练

传票翻打，也称为传票算，是指在经济核算过程中，对各种单据、发票或凭证进行汇总计算的一种方法。它一般采用加减运算，是加减运算在实际工作中的具体应用。它可以为会计核算、财会分析、统计报表提供及时、准确、可靠的基础数字，是财经工作者必备的一项基本功，并被列入全国会计技能比赛的正式项目。

一、传票本的规格和种类

传票本采用规格长约 19 厘米，宽约 8 厘米的 70 g 规格书写纸，用 4 号手写体铅字印刷，每本传票共 100 页，每页五行数，由四位至九位数组成。每本传票中，四、九位数各占 10%，五、六、七、八位数各占 20%，都有两位小数；页内依次印有 (一) 至 (五) 的行次标记。

传票本分为订本式和活页式两种 (见图 2-59)。

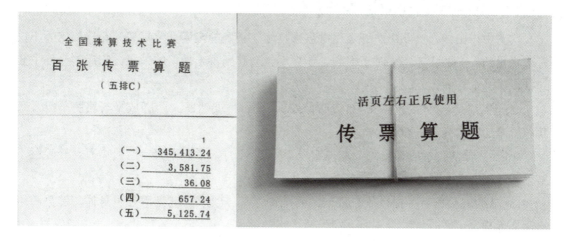

图 2-59　订本式传票本和活页式传票本

二、传票翻打工具定位及坐姿

（一）传票翻打工具定位

传票翻打工具主要包括计算器 (小型台式计算器、电脑小键盘等)、笔、百张传票、票夹等。实务中，出纳人员操作时应当将整理好的传票摆放在桌面适当的位置，并进行相关操作 (见图 2-60)。

图 2-60　工具定位

(1) 键盘放置在桌面略靠右侧，以小键盘区域恰巧在右手下方为宜，食指、中指、无名指分别落在 "4""5""6" 基准键上。

(2) 传票放置在键盘下方左手边。

(3) 主机放置在桌面中部偏上，支架调整至合适角度。

(4) 调整键盘与传票的位置，以左翻右击协调舒适为宜，养成 "工具定位" 的好习惯。

（二）传票翻打的正确坐姿

实务中，出纳人员要想熟练运用键盘来打字，正确的坐姿非常重要。正确的坐姿不仅可减轻出纳人员的疲劳感，对于提高工作效率也会起到事半功倍的效果。正确的坐姿主要包括以下几个方面：

(1) 出纳人员身体要保持平直，肩部放松，腰背不要弯曲，两脚放平与胳膊平行，眼睛与屏幕的距离为40～50厘米。

(2) 显示器的位置应在出纳人员视线以下10°～20°，手腕平直，两肘微垂，轻轻贴于腋下，手指弯曲自然适度，轻放在桌面上。

(3) 出纳人员右手手指轻放在规定的基准键上，传票放在键盘下方，身体与键盘的距离因人而异。

(4) 出纳人员手掌以手腕为轴略向上抬起，手指略弯曲，自然下垂，形成勺状。

(5) 出纳人员打字时手腕要悬空，敲击键盘要有节奏，击完键后手指要立即回到初始位置。

(6) 出纳人员击键的力度要适中，击键时主要靠手指和手腕的灵活运动，不要靠整个手臂的运动来找键位。

三、传票翻打的训练

（一）传票整理

实务中，传票在翻打前，出纳人员首先要检查传票是否有错误，如有无缺页、重页、数码不清、错行、装订方向错误等，一经发现，应及时更换传票，待检查无误后，方可整理传票。

(1) 礅齐。出纳人员在整理传票时，双手拿起传票侧立于桌面礅齐（见图2-61）。

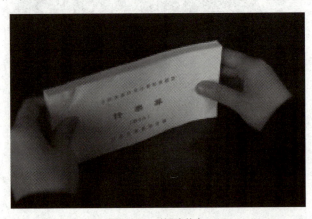

图 2-61　传票礅齐

(2) 开扇。出纳人员左手固定传票左上角，右手沿传票边沿轻折，打开成扇形，扇形角度为20°～25°（见图2-62）。

图 2-62　传票开扇

(3) 固定。出纳人员右手用夹子固定左上角，防止翻打时散乱 (见图 2-63)。

图 2-63　传票固定

（二）传票翻页

传票翻打要求用左手翻传票，右手敲击数字小键盘，两手同时进行，具体操作如下：

(1) 出纳人员将左手中指、无名指、小指放置在传票中间偏左的位置，拇指准备翻页 (见图 2-64)。

图 2-64　准备翻页

(2) 出纳人员用拇指指肚凸出部分在传票的边沿掀起传票，拇指第一节指节弯曲将传票向左侧翻压 (见图 2-65)。

图 2-65　向左翻压

(3) 出纳人员食指弯缩接过传票并用中指夹住，拇指下至下一页传票边沿重复第一步动作翻页即可 (见图 2-66)。

图 2-66　传票翻页

（三）计算机小键盘的操作训练

实务中，出纳人员正确使用小键盘，可以提高工作效率。为了提高键盘的敲击速度，一般要求出纳人员做到盲打，在基准键位的基础上，通常将小键盘划分为几个区域，每个区域都由一个手指负责，一定要明确分工、互不侵犯 (见图 2-67)。

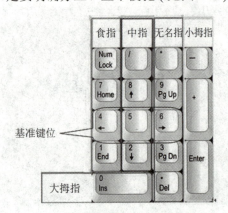

图 2-67　小键盘正确指法图

出纳人员在小键盘上击键的基本指法如下：右手食指、中指和无名指在键盘上实行"纵向管理"，每个手指负责管理基准键位上方和下方的键，即"Num Lock""7""4""1"这四个键由右手食指负责；"/""8""5""2"这四个键由右手中指负责；"*""9""6""3""."这五个键由右手无名指负责；"–""+""Enter"这三个键由右手小拇指负责；"0"键由右手大拇指负责。

实务中，出纳人员按照上述步骤及指法进行反复训练，同时要注意左右手协调和眼脑手协调，即左手翻传票时，右手直接将传票上的数字敲入计算器；眼睛应迅速看完上面的数字，大脑同步记住数字，确保右手未打完当页数字时，左手已经翻到下一页，保持动作流畅。

任务六　保险柜使用技能与训练

保险柜 (见图 2-68) 是一种特殊的容器，根据其功能主要分为防火保险柜、防盗保险柜、防磁保险柜、防火防磁保险柜和防火防盗保险柜等。每一种保险柜都有其国家标准。市面上的保险柜多为前两种。依据不同的密码工作原理，防盗保险柜又可分为机械保险和电子保险两种，前者的特点是价格比较便宜，性能比较可靠。早期的保险柜大部分都是机械保险柜。电子保险柜是将电子密码、IC 卡等智能控制方式的电子锁应用到保险柜中，其特点是使用方便，特别是在宾馆中使用时，需经常更换密码，因此使用电子密码保险柜就比较方便。

图 2-68　保险柜

为了保障财产的安全完整，各单位都应配备专用的防火防盗保险柜，专门用于库存现金、银行票据、各种有价证券、相关印章及其他票证等的保管。

一、保险柜的管理

实务中，保险柜通常由出纳人员负责管理和使用。

（一）保险柜钥匙的配备

保险柜要配备两把钥匙，一把由出纳人员保管，供出纳人员日常工作开启使用；另一把交由保卫部门封存，或由单位总会计师或财务处（科、股）长负责保管，以备特殊情况下经有关领导批准后开启使用。出纳人员不能将保险柜钥匙交由未经授权的其他人代为保管。

（二）保险柜的开启

保险柜只能由出纳人员开启使用，非出纳人员不得开启保险柜。如果单位总会计师或财务处（科、股）长需要对出纳人员工作进行检查，如检查库存现金限额、核对实际库存现金数额，或有其他特殊情况需要开启保险柜的，应按规定的程序由总会计师或财务处（科、股）长开启，在一般情况下不得任意开启由出纳人员掌管使用的保险柜。

（三）财物的保管

每日终了后，出纳人员应将其使用的空白支票（包括现金支票和转账支票）、银钱收据、印章等放入保险柜内。保险柜内存放的现金应设置和登记现金日记账，其他有价证券、存折、票据等应按种类造册登记，贵重物品应按种类设置备查簿登记其质量、重量、金额等，所有财物应与账簿记录核对相符。按相关规定，保险柜内不得存放私人财物。

（四）保险柜密码

出纳人员应将自己保管使用的保险柜密码严格保密，不得向他人泄露，以防为他人利用。出纳人员调动岗位，新出纳人员应更换使用新的密码。

（五）保险柜的维护

保险柜应放置在隐蔽、干燥之处，注意通风、防湿、防潮、防虫和防鼠；保险柜外要经常擦抹干净，保险柜内财物应保持整洁卫生、存放整齐。一旦保险柜发生故障，应到公安机关指定的维修点进行修理，以防泄密或失盗。

（六）保险柜被盗的处理

出纳人员发现保险柜被盗后应保护好现场，迅速报告公安机关，待公安机关勘查现场时才能清理财物被盗情况。节假日满两天以上或出纳人员离开两天以上没有派人代其工作的，应在保险柜锁孔处贴上封条，出纳人员到位工作时揭封。如发现封条被撕掉或锁孔处被弄坏，也应迅速向公安机关或保卫部门报告，以使公安机关或保卫部门及时查清情况，防止不法分子进一步作案。

二、保险柜的操作方法

保险柜的使用分机械和电子两种形式，具体操作方法如下：

（一）机械保险柜

将第一组密码号往右三次对准基准线；将第二组密码号往左两次对准基准线；将第三组密码号往右一次对准基准线；关门时随意转一下即可。转动时不需要从零开始，但是左右转动不能混淆，错了重新开始。

（二）电子保险柜

电子保险柜是一种采用智能设计的保险柜。电子保险柜的安全系数是非常高的，一般常用的有指纹锁和密码锁两种，大部分人会选择指纹锁，因为指纹锁的安全等级会比较高，而且开启的时候比较容易。

1. 电子保险柜使用方法

电子密码锁通过在键盘上输入数字信息，经电脑程序比对确认后开启锁具。键盘由"0～9"十个数字键和"*""#"两个键组成，"*"键的作用是切换电子密码锁的各种功能，"#"键的作用是启动电脑程序工作和确认输入信息。

2. 电子保险柜基本使用操作

实务中，电子保险柜基本使用操作如下：

(1) 输入密码开锁按"#"键启动电脑程序工作，液晶显示器屏幕亮，输入密码后再按"#"键确认，液晶如显示"OPEN"，表明密码正确已开锁；液晶如显示"ERROR"，表明密码不正确；液晶显示器屏幕灭，电子密码锁自动上锁，电脑程序进入睡眠状态。当使用管理码开启电子密码锁后，用户码将自动改为出厂设置时的"123456"密码。

(2) 修改密码的原则是必须是原密码的持有人才能修改密码，以保证安全使用。当液晶显示"OPEN"时，按"*"键后再输入新的密码，再按"#"键确认，液晶显示器屏幕灭，密码修改完成。每次输入密码失误时，按"*"键，可将已输入的数字删除。按一次，可删除刚输入的一位数字，按住"*"键，可删除已输入的全部数字。

(3) 启动报警系统。对 JB20LCD～JB30LCD 电子保险箱，在睡眠状态下直接按"*"键即启动报警系统。对 JB35LCD～JB150LCD 电子保险柜，按"#"键启动电脑程序工作，再按"*"键，报警系统已启动。对 D35C～D150C 电子保险柜，按"*"键启动电脑程序工作，再按"3"键，报警系统已启动。必须注意的是：每次开启电子密码锁后，必须重新开启报警系统。

三、保险柜的使用维护

（一）电池的使用

电池使用 5 号 AAA 高质量无泄漏碱性电池，安放电池时应注意电池的正负极性，按电池盒上的正负极性标记放置，长期不用应把电池从电池盒中取出。

（二）产品附件的保管

出纳人员应将产品用户手册、门锁钥匙、应急钥匙、电子钥匙、电池盒、锁孔塑料杆、购物发票、保修卡等附件妥善保存于安全的地方。用户手册上记载了保险柜的产品编号和密码，工厂是根据产品编号和产品型号来建立产品的技术档案，根据它用户可检索到保险柜的密码，这点对机械保险柜尤为重要。出纳人员应注意：千万不能将这些附件锁入保险柜内，万一保险柜打不开就连应急开启的手段都没有了。如果是上下双门的保险柜，建议将上下门的钥匙进行标识，以免误用后，造成钥匙卡在锁芯中无法转动、拔出的故障。密码修改后最好是记在另外的本子上，以免忘却后带来开锁的麻烦。钥匙和密码务必分开保管，这样更安全。

（三）使用环境

保险柜适用于常温下的室内使用。在潮湿和有腐蚀性气体的环境中使用，有阳光和紫外线的强烈照射，会使保险柜表面油漆龟裂、变色，塑料件变色、老化，表面生锈、氧化，电子元件性能不稳定引起故障。

（四）保养维护

保险柜表面有污渍后，不能用化学溶剂擦洗，可用干净抹布沾少许清洁剂擦洗。伸出的门闩处和抽屉的滚轮处可用少许润滑油(家庭用食用油也行)加以润滑，钥匙锁芯内可注入少许铅笔芯粉末(石墨)，可使钥匙插拔、转动更轻松。

保险柜是一种防盗器具，如果在使用过程中加入责任心和注意力，保险柜的防盗系数会大大提高。实务中，使用保险柜需要注意以下几个方面：

(1) 转动机械密码锁时，需静心顺势缓转，切勿猛力旋转，同时记清方向及次数，如不慎超过标记线，不可倒回，必须重新开始。

(2) 设置密码最好在保险柜门打开的情况下进行，密码设置完毕后，应输入新密码操作几次，确认无误后，方可将柜门锁上。

(3) 切勿把说明书、应急钥匙锁入保险柜内。

(4) 报警器使用时，对内部的各开关及电子元件，不要随意调动；若发现报警器声音变小，表明电池用完，应急时更换；若发生误报可将灵敏度适当调低。

(5) 为保证保险柜固定可靠，膨胀螺母中的锥销必须锤击至螺母胀开胀紧，螺母在墙孔中充分固定。

(6) 必须将保险柜紧固于混凝土墙上。

(7) 长期用外接电池时，应将电池从电池盒中取出。

任务七 出纳日记账处理技能与训练

日记账可以用来连续记录全部经济业务的完成情况，也可以用来连续记录某一类经济业务的完成情况。为了逐日反映现金和银行存款的收付情况，各单位一般应设置出纳日记账，通过现金日记账和银行存款日记账分别记录现金和银行存款的收入、支出及结存情况。

一、出纳日记账的设置

出纳日记账（也称出纳序时账），是出纳人员根据经济业务发生时间的先后顺序，以收款凭证和付款凭证为依据，连续、系统、全面、综合地记录和反映本单位现金和银行存款收付业务及其结存情况的账簿。出纳日记账一般可分为记录现金收付业务的"现金日记账"和记录银行存款收付业务的"银行存款日记账"两种（见图2-69）。

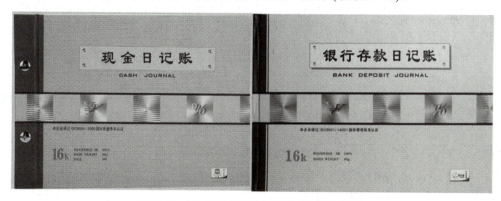

图2-69 现金日记账簿与银行存款日记账簿

现金日记账是按照现金收、付业务发生或完成时间的先后顺序，逐日逐笔登记，用来反映现金的增减变动与结存情况的账簿。

银行存款日记账是记录和反映本单位在经济业务中由于使用银行转账结算而使银行存款发生增减变动及其结存情况的账簿。

通过设置出纳日记账，可以反映和监督现金、银行存款收付业务的发生和完成情况，还可以检查分析现金、银行存款的各项收付业务在账簿中的记录是否全面、真实、准确。

二、出纳日记账的启用

为保证账簿使用的合法性，明确经济责任，防止舞弊行为，保证账簿资料的完整和便于查找，出纳人员在账簿启用时，应在账簿扉页的启用表中写明单位名称、账簿名称、账簿编号、账簿页数、启用日期、会计主管人员和记账人员，并加盖单位公章以及会计主管人员和记账人员印章。更换会计主管人员和记账人员时，应载明交接人员的姓名、接管或移交日期，并由交接双方盖章。账簿启用及交接表见表2-5。

表 2-5　账簿启用及交接表

机构名称							单位盖章	
账簿名称	（第　　册）							
账簿编号								
账簿页数	本账簿共计　　页 （本账簿页数检点人盖章）							
启用日期	公元　　年　　月　　日							
经营人员	负责人		主办会计		复核		记账	
	姓名	盖章	姓名	盖章	姓名	盖章	姓名	盖章

接交记录	经管人员		接管				交出			
	职别	姓名	年	月	日	盖章	年	月	日	盖章
备注										

三、出纳日记账的登记要求

实务中，出纳人员应按照以下要求登记现金日记账和银行存款日记账。

(1) 为了保证账簿记录的真实性和正确性，必须根据审核无误后的会计凭证登账。登账时应将会计凭证的日期、种类和编号，业务的内容摘要、金额等逐项记入账内，同时，要在会计凭证上注明账簿的页数或打"√"符号，表示已经登记入账，防止漏记、重记和错记情况的发生。

(2) 为了使账簿记录保持清晰、持久，便于长期查阅，防止涂改，在登账时，必须用蓝黑、黑墨水书写，不得用圆珠笔(银行复写纸除外)和铅笔书写。红色墨水只能在结账、画线、改错、冲账时使用。书写的字迹须清晰、工整，不得潦草。

(3) 各种账簿都必须按编定的页次逐页、逐行顺序连续登记，不得隔页、跳行登记。如果发生隔页、跳行时，不得随意涂改，应将空页、空行用红线对角画掉，加盖"作废"或"此页空白""此行空白"字样，并由记账人员签章。

(4) 每登记满一张账页时，应加计本页发生额总数，结出余额，填在账页的最末一行，并在摘要栏注明"过此页"字样；然后，把发生额总数和余额填在下一张账页的第一行，并在此行摘要栏内注明"承前页"字样。

（5）在记账过程中，若账簿记录发生错误，应根据错误的具体情况，采用正确的方法予以更正，不得涂改、挖补、刮擦或用褪色药水更改字迹。

（6）出纳人员应按日结出余额，在"借或贷"栏内写明"借"或"贷"字样，表明余额是在借方还是在贷方，如果没有余额应在"借或贷"栏内注明"平"字，并在余额栏内用 0 表示。

（7）账簿中书写的文字和数据适当留空，不得写满格，或越格错位。书写文字应紧靠本行底线，字体大小一般应占格高的 1/2，数据一般应占格高的 1/2，以便出差错时可按规定方法改错。

四、出纳日记账的登记方法

（一）库存现金日记账

库存现金日记账是用来核算和监督库存现金每天的收入、支出和结存情况的账簿。由于出纳人员根据与库存现金收付有关的记账凭证，按时间先后顺序逐日逐笔进行登记，即根据库存现金收款凭证和与库存现金有关的银行存款付款凭证（从银行提取库存现金的业务）登记库存现金收入；根据库存现金付款凭证登记库存现金支出；最后根据"上日余额＋本日收入－本日支出＝本日余额"的公式，逐日结出库存现金余额，并与库存现金实存数进行核对，以检查每日库存现金收付是否有误。

库存现金日记账的格式主要为三栏式（见表 2-6），且必须采用订本账。

表 2-6　库存现金日记账　　　　　　　　　　　　第　　页

年		记账凭证		对方科目	摘要	收入	支出	结余
月	日	字	号					

三栏式库存现金日记账，是用来登记库存现金的增减变动及其结果的日记账，设有借方、贷方和余额三个金额栏目，一般将其分别称为收入、支出和结余三个基本栏目。三栏式库存现金日记账由出纳人员根据库存现金收款凭证、库存现金付款凭证和银行存

款付款凭证,按照库存现金收、付款业务和银行存款付款业务发生时间的先后顺序逐日逐笔登记。

三栏式库存现金日记账的登记方法如下:① 日期栏,是记账凭证的日期,应与库存现金实际收付日期一致。② 凭证栏,是登记入账的收付款凭证的种类和编号,如"库存现金收(付)款凭证",简写为"现收(付)";"银行存款收(付)款凭证",简写为"银收(付)"。凭证栏还应登记凭证的编号数,以便于查账和核对。③ 对方科目栏,是库存现金收入的来源科目或支出的用途科目。如银行提取现金,其来源科目(即对方科目)为"银行存款"。④ 摘要栏,摘要说明登记入账的经济业务的内容。⑤ 收入、支出栏(或借方、贷方),是库存现金实际收付的金额。每日终了,应分别计算库存现金收入和付出的合计数,并结出余额,同时将余额与出纳人员的库存现金核对。如账款不符应查明原因,记录备案。月终同样要计算库存现金收、付和结存的合计数。

(二)银行存款日记账

银行存款日记账,是用来核算和监督银行存款每日的收入、支出和结余情况的账簿。银行存款日记账应按企业在银行开立的账户和币种分别设置,每个银行账户设置一本日记账,由出纳人员根据与银行存款收付业务有关的记账凭证,按时间先后顺序逐日逐笔进行登记。根据银行存款收款凭证和有关的库存现金付款凭证(如现金存入银行的业务)登记银行存款收入栏,根据银行存款付款凭证登记其支出栏,每日结出存款余额。

银行存款日记账的格式与库存现金日记账相同,可以采用三栏式(见表2-7),也可以采用多栏式。多栏式可以将收入和支出的核算在一本账上进行,也可以分设"银行存款收入日记账"和"银行存款支出日记账"两本账。其格式和登记方法与"库存现金收入日记账"和"库存现金支出日记账"基本相同。

表2-7 银行存款日记账 第 页

年		记账凭证		对方科目	摘要	收入	支出	结余
月	日	字	号					

五、出纳日记账的对账和结账

（一）对账

对账就是对账簿记录所做的核对工作。为了保证账簿所提供的会计资料正确、真实、可靠，出纳人员在记完账后，还应定期做好对账工作，做到账证相符、账账相符、账实相符。对账工作主要包括以下三项内容：① 账证核对，主要是由出纳人员将现金日记账和银行存款日记账与其相关的收、付款凭证进行核对；② 账账核对，主要是由出纳人员将现金日记账和银行存款日记账的期末余额与其相应的现金和银行存款总账的期末余额进行核对；③ 账实核对，主要是由出纳人员将现金日记账账面余额与实际库存现金数额进行核对，银行存款日记账账面余额与银行对账单余额进行核对。

（二）结账

结账就是把一定时期（月、季、年）内所发生的经济业务全部登记入账后，结出各种账簿的本期发生额和期末余额的一种方法。结账可分为月结、季结和年结。

1. 月结

月结的方法：在最后一笔经济业务的记录下面画一条通栏红线，在红线下面的一行"摘要"栏内注明"本月合计"，在"借方""贷方""余额"三栏分别计算出本月借方、贷方发生额合计和月末余额，然后在此行下面再画一条通栏红线，表示本月结账工作结束。

2. 季结

季结的方法：在每季最后一个月的月结的下一行"摘要"栏注明"本季累计"，在"借方""贷方""余额"三栏分别计算出本季三个月的借方、贷方发生额合计和季末余额，然后在此行下面画一条通栏红线，表示本季结账工作结束。

3. 年结

年结的方法：在本年最后一个季的季结的下一行"摘要"栏注明"本年累计"，在"借方""贷方""余额"三栏分别计算出本年借方、贷方发生额合计和年末余额，然后在此行下面画两条通栏红线，表示本年结账工作结束。

年度终了结账时，有余额的账户，要将其余额结转下年并在"摘要"栏注明"结转下年"字样；在下一会计年度新建有关会计账户的第一行余额栏内填写上年结转的余额，并在"摘要"栏注明"上年结转"字样。

六、银行存款日记账登记训练

贵州聚贤启航企业管理有限公司 2021 年 1 月份银行存款日记账（基本账户——农业银行贵阳中西支行 1037010105080038912）年初余额为 80 000 元，本月发生下列银行存款收付业务。请按银行存款业务发生的先后顺序登记银行存款日记账。

(1) 2 日，向客户提供企业管理咨询服务，开具增值税专用发票，增值税税率为 13%，价税合计 13 000 元，款项已收妥入账。

(2) 6 日，以转账支票支付购买多功能打印机一台 15 350 元。

(3) 11 日，从银行提取备用金 5 000 元。

(4) 15 日，收到客户前欠货款 53 000 元，款项已存入银行。

(5) 25 日，通过网银代发职工工资 32 000 元。

(6) 27 日，以转账支票支付广告费 5 500 元。

要求：根据上述业务资料登记银行存款日记账，并进行月末结账。

 # 习题与实训

一、单项选择题

1. 在填写会计凭证时，1 518.53 元的大写金额数字为（　　）。

A. 壹仟伍佰拾捌元伍角叁分整　　　B. 壹仟伍佰壹拾捌元伍角叁分整

C. 壹仟伍佰拾捌元伍角叁分　　　　D. 壹仟伍佰壹拾捌元伍角叁分

2. 在日常生活中误收假币，处理方法正确的是（　　）。

A. 折价兑换给他人　　　　　　　B. 趁人不注意，夹在真币中付给他人

C. 上缴当地银行　　　　　　　　D. 当捐款捐入捐款箱

3. 第五套人民币 100 元币、50 元币的固定水印为（　　）。

A. 毛泽东头像图案　　　　　　　B. 荷花图案

C. 月季花图案　　　　　　　　　D. 水仙花图案

4. 第五套人民币各面额纸币上的隐形面额数字在票面的（　　）。

A. 正面左下方　　　　　　　　　B. 正面右下方

C. 正面右上方　　　　　　　　　D. 背面左上方

5. "不以规矩，不成方圆"体现的是出纳（　　）方面的素质要求。

A. 职业道德　　　　　　　　　　B. 业务技能

C. 工作作风　　　　　　　　　　D. 政策水平

6. 验钞可通过验钞机进行，不可以通过（　　）。

A. 凹印技术识别　　　　　　　　B. 紫光验钞笔识别

C. 水印识别　　　　　　　　　　D. 荧光识别

7. 目前市场上伪造的人民币主要是（　　）假人民币。

A. 机制　　　　　　　　　　　　B. 手工制作

C. 计算机制作　　　　　　　　　D. 彩色复印

8. 现金日记账是由出纳人员按（　　　）的顺序逐日逐笔登记。

A. 收付业务金额大小　　　　　B. 收付业务发生

C. 先记收入后记支出　　　　　D. 先记支出后记收入

9. 原始凭证中（　　）出现错误的，不得更正，只能由原始凭证开具单位重新开具。

A. 金额　　　　　　　　　　　B. 汉字

C. 计量单位　　　　　　　　　D. 会计科目

10. 银行存款日记账与银行对账单之间的核对属于（　　　）。

A. 账证核对　　　　　　　　　B. 账账核对

C. 账实核对　　　　　　　　　D. 余额核对

二、多项选择题

1. 2 100.67 元的大写金额正确的是（　　　）。

A. 贰仟壹佰元陆角柒分　　　　B. 贰仟壹佰元陆角柒分整

C. 贰仟壹佰元零陆角柒分　　　D. 贰仟壹佰零零元陆角柒分

2. 下列项目中，关于残缺、污损人民币兑换说法正确的有（　　　）。

A. 能辨别面额，票面剩余 3/4(含 3/4) 以上，其图案、文字能按原样连接的残缺、污损人民币，金融机构应向持有人按原面额全额兑换

B. 能辨别面额，票面剩余 1/2(含 1/2) 至 3/4 以下，其图案、文字能按原样连接的残缺、污损人民币，金融机构应向持有人按原面额的一半兑换

C. 纸币呈正十字形缺少 1/4 的，按原面额的一半兑换

D. 兑付额不足 1 分的，不予兑换；5 分按半额兑换的，兑付 2 分

3. 第五套人民币的 100 元、50 元纸币票面正面左下角分别印有 "100" "50" 字样的光变油墨面额数字，于票面倾斜一定角度分别为（　　　）。

A. 绿色　　　　　　　　　　　B. 金色

C. 红色　　　　　　　　　　　D. 蓝色

4. 下列项目中，属于出纳人员点钞的基本原则的有（　　　）。

A. 点准　　　　　　　　　　　B. 算对

C. 挑净　　　　　　　　　　　D. 码齐

5. 下列项目中，属于出纳专业技能的有（　　　）。

A. 出纳书写技能　　　　　　　B. 人民币识别技能

C. 手工点钞技能　　　　　　　D. 传票翻打技能

6. 下列项目中，属于出纳人员手工点钞方法的有（　　　）。

A. 单指单张点钞法　　　　　　B. 单指多张点钞法

C. 多指多张点钞法　　　　　　D. 扇面式点钞法

7. 下列项目中，属于原始凭证基本内容的有（　　　）。

A. 接受凭证的单位名称　　　B. 交易或事项的内容、数量、单价和金额

C. 经办人员的签名或盖章　　D. 应记会计科目名称和记账方向

8. 下列项目中，属于必须逐日逐笔登记的有（　　）。

A. 库存现金日记账　　　　　B. 银行存款日记账

C. 库存商品明细账　　　　　D. 原材料明细账

9. 下列项目中，属于记账凭证基本内容的有（　　）。

A. 经济业务事项所涉及的会计科目

B. 记账凭证日期、编号

C. 经济业务事项的摘要和金额

D. 所附原始凭证的张数

10. 下列项目中，属于原始凭证审核内容的有（　　）。

A. 真实性　　　　　　　　　B. 合法性

C. 正确性　　　　　　　　　D. 完整性

三、判断题

1. 中文大写金额数字到"元"或"角"为止的，在"元"或"角"之后，应写"整"字。
（　　）

2. 印有位数的，在填写大写金额数字时，金额之间有"0"时可用阿拉伯金额数字"0"填写。
（　　）

3. 按财务规定，保险柜内不得存放私人财物。（　　）

4. 填写原始凭证时，阿拉伯金额数字前面应当书写币种符号或者名称简写和币种符号；币种符号与阿拉伯金额数字之间不得留有空白。（　　）

5. 填写的大写金额数字，应当用汉字正楷或草书体书写。（　　）

6. 出纳人员应配备专用保险柜，保险柜钥匙由其他人员专人保管，不得交由其他人员代管保险柜密码。
（　　）

7. 每日终了后，出纳人员应将其使用的空白支票、银钱收据、印章、私人财物等放入保险柜内。
（　　）

8. 收付款凭证的日期应按照货币收、付的日期填写，转账凭证的日期应按照原始凭证记录的日期填写。
（　　）

9. 原始凭证记载内容有错误的，应当由出具单位重开或更正，不需要盖任何的印章。
（　　）

10. 启用订本式账簿时应当从第一页到最后一页顺序编定页数，可以跳页但不得缺号。
（　　）

四、业务训练

出纳人员在发现假币时该怎么处理？

项目三 现金结算业务办理与应用

学习目标

★ 理解现金的使用范围和管理制度，现金收入与支付业务的基本程序；

★ 掌握现金收付业务涉及的相关原始凭证的填制，现金收付业务记账凭证的编制及账务处理，现金日记账的登记。

案例导入

文贞很高兴自己成为一名出纳员，财务经理把前任出纳员的资料交给她，其中，有好几万元的现金。文贞既兴奋又紧张，数了一遍又一遍，还不时地犯嘀咕："这么多钱，平时怎么使用呢？使用现金有哪些规定呢？哪些情况我可以用现金支付呢？需要支付现金的时候，怎么走流程呢？什么时候该付钱？需要哪些原始单据证明呢？……"文贞的信心开始动摇了。你可以教文贞吗？

思维导图

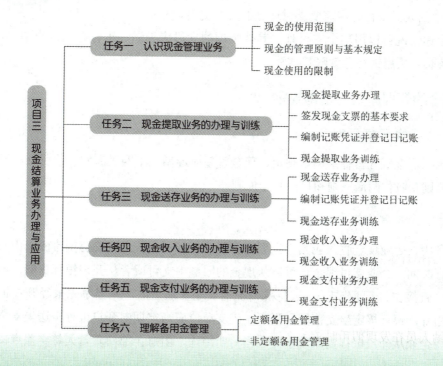

- 任务一 认识现金管理业务
  - 现金的使用范围
  - 现金的管理原则与基本规定
  - 现金使用的限制
- 任务二 现金提取业务的办理与训练
  - 现金提取业务办理
  - 签发现金支票的基本要求
  - 编制记账凭证并登记日记账
  - 现金提取业务训练
- 任务三 现金送存业务的办理与训练
  - 现金送存业务办理
  - 编制记账凭证并登记日记账
  - 现金送存业务训练
- 任务四 现金收入业务的办理与训练
  - 现金收入业务办理
  - 现金收入业务训练
- 任务五 现金支付业务的办理与训练
  - 现金支付业务办理
  - 现金支付业务训练
- 任务六 理解备用金管理
  - 定额备用金管理
  - 非定额备用金管理

项目三 现金结算业务办理与应用

任务一　认识现金管理业务

现金也称库存现金，是指企业持有存放在财务部门，由出纳人员负责管理的现金。实务中，企业持有的库存现金包括人民币现金和外币现金。从流动性的角度看，企业持有的现金可以随时用于支付货款及有关费用、偿还债务，也可以根据管理需要存入银行或作为其他用途，属于流动性最强的货币性资产。

一、现金的使用范围

由于经营活动的需要，企业经常接触现金款项的收支，为了规范现金的使用范围，我国颁布了《现金管理暂行条例》。企业应当按照《现金管理暂行条例》规定的范围使用现金。企业可以使用现金的范围包括以下八个方面：

(1) 职工工资、津贴；

(2) 个人劳务报酬；

(3) 根据国家规定颁发给个人的科学技术、文化艺术、体育等各种奖金；

(4) 各种劳保，福利费用以及国家规定的对个人的其他支出；

(5) 向个人收购农副产品和其他物资的价款；

(6) 出差人员必须随身携带的差旅费；

(7) 结算起点以下的零星支出；

(8) 中国人民银行确定需要支付现金的其他支出。

除上述情况可以用现金支付外，其他款项的支付应当通过银行存款账户结算。当然，上述业务也可采用银行存款账户结算。

二、现金的管理原则与基本规定

（一）现金管理原则

我国《现金管理暂行条例》规定，现金管理应遵循以下四大原则：收付合法原则、钱账分管原则、收付两清原则和日清月结原则。

（二）现金管理基本规定

实务中，企业现金收入应当于当天送存开户银行，当天送存确有困难的，由开户银行确定送存时间。企业支付现金，可以从现金的限额中支付或者从开户银行提取，不得从现金收入中直接支付 (即坐支)。因特殊情况需要坐支现金的，应当事先报经开户银行审查批准，由开户银行核定坐支范围和限额。坐支单位应当定期向开户银行报送坐支金额和使用情况。企业从开户银行提取现金，应当写明用途，由财会部门负责人签字盖章，经开户银行审核后，予以支付现金。因采购地点不固定，交通不便，生产或者市场急需，抢险救灾以及其他特殊情况必须使用现金的，企业应当向开户银行提出申请，由财会部门负责人签字盖章，经开户银行审核后，予以支付现金。

三、现金使用的限制

（一）企业不得坐支现金

实务中，部分企业由于现金紧张，出现现金坐支的现象，这是违规的。这里的"坐支"，是指单位把业务收入收回的现金直接用于支付各项目费用，即企业没有把业务收入收回的现金存入银行，而是直接用于开支，躲避银行对企业的资金监管。我国《现金管理暂行条例》明确规定，未经开户银行同意，企业不得坐支现金，特殊情况除外。企业因特殊情况需要坐支现金的，应当及时与开户银行沟通，说明需要坐支现金的金额、坐支的用途等。

（二）现金管理的"八不准"

我国《现金管理暂行条例》明确规定了企业在现金管理中的"八不准"，包括以下八个方面：

(1) 不准用不符合财务制度的凭证顶替库存现金，即不准白条抵库。

(2) 不准谎报用途套取现金。

(3) 不准单位间相互借用现金，扰乱市场经济秩序。

(4) 不准利用银行账户代其他单位和个人存入或支取现金(出租出借账户)，逃避国家金融监管。

(5) 不准将单位收入的现金以个人储蓄名义存入银行，即不得公款私存。

(6) 不准保留账外公款，即不准设置小金库。

(7) 不准发行变相货币，不准以任何内部票据代替人民币在社会上流通。

(8) 不准未经批准坐支或者未按开户银行核定的坐支范围和限额坐支现金。

企业存在违反现金管理"八不准"的情况之一的，其开户银行按照《现金管理暂行条例》的规定，有权责令其停止违法活动，并根据情节轻重给予警告或罚款。

（三）现金的限额

现金的限额，是指为了保证企业日常零星开支的需要，允许企业留存现金的最高额度。库存现金的限额是根据企业的开户银行的管理制度，结合企业现金需要量核定，一般按照企业3～5天日常零星开支的额度确定，边远地区和交通不便地区企业的库存现金限额，可按多于5天但最长不超过15天的日常零星开支的需要确定。经开户银行核定后的现金限额，企业必须严格遵守，超过限额规定的现金应于当日下班前存入银行。需要增加或减少现金限额的企业，应向开户银行提出申请，由开户银行核定。

任务二　现金提取业务的办理与训练

一、现金提取业务办理

现金是企业在日常经营活动中必不可少的资产，是支付能力最强的流动资产。实务中，企业持有一定数量的现金，可以满足日常零星开支、支付工资、收购农副产品等的需要。当企业持有的现金数量不足时，可以按照有关规定到其开户银行办理现金提取业务。企业办理现金提取业务的一般程序如下：

1. 填写现金支票

企业办理现金提取业务时，首先根据需要提取的现金数量，由出纳人员按照相关要求填写现金支票，到银行办理现金提取业务。注意，企业不得签发空头支票。

2. 向开户银行提交现金支票

企业取款人持已经签发的现金支票到银行取款时，应当将现金支票交给银行工作人员审核，审核无误后等待取款。银行工作人员拿到现金支票后，对现金支票进行审核，包括核对密码和预留印件。审核无误后办理付款手续并支付相应的款项。

3. 核对现金数额

取款人收取现金后，应根据取款数额认真清点，确认无误后才能离开。取款人收到银行工作人员付给的现金时，一般应当面清点现金数量，清点无误后才离开柜台，切不可离开柜台后点数。当提取现金的数额较大，当面清点确实有困难时，应当将大捆大把的数字核对清楚，并当面点清散把和零张钞票后，把现金全部装入取款箱或其他工具，回到企业后还需要进一步清点。清点现金时，一般应先检查封签、类别和把数是否相符，再进行具体点钞。实务中，清点现金的一般程序如下：先点捆数，捆数无误再拆捆复点把数，把数点完后点零张。在清点现金时应当注意以下几个方面：

(1) 清点现金尤其是回企业清点时，最好由两位以上财务人员共同进行。

(2) 清点现金时应当逐捆逐把逐张进行，做到一捆一把一清。清点时不能随意混淆或丢弃每一把的捆钞纸，只有把全捆所有把数清点无误后才可以将每把的捆钞纸连同每捆封签一起扔掉。

(3) 在清点现金时若发现有残缺不完整的票币以及假钞，应当马上找开户银行调换。

(4) 企业取回的现金应当清点无误后才能发放使用，切忌一边清点一边发放，否则一旦发生差错将无法核对清楚。

(5) 在清点现金时，尤其是回企业后清点现金时，如果发现确有差错，应当将所取款项保持原状，通知银行工作人员，妥善进行处理。

(6) 企业取回现金后，应当及时将现金放入保险柜内。

二、签发现金支票的基本要求

我国支票管理的相关规定有：现金支票的填写必须使用碳素墨水或蓝黑墨水填写，并且书写要认真，不能潦草；现金支票签发日期应当填写实际出票日期；现金支票的收款人名称应当与预留印鉴名称 (企业的全名) 保持一致；现金支票的金额必须按规定填写，金额如有错误，不能更改，应作废重填；现金支票的用途栏要填写真实用途，不得弄虚作假；现金支票的签章必须与银行预留印鉴相符；现金支票背面要有取款企业或取款人背书。现金支票的具体填制要求如下：

1. 现金支票的要素

企业使用的现金支票的要素主要包括日期、收款人、大写金额、小写金额、用途、印鉴章及领款人信息。

2. 现金支票日期写法

现金支票的出票日期必须用大写，涉及的大写数字分别是零、壹、贰、叁、肆、伍、陆、柒、捌、玖、拾。其中，年份应当按照阿拉伯数字表示的年份所对应的大写汉字填写；月份为 1 月、2 月和 10 月的要在相应的月份前加"零"字，10 月至 12 月要在相应的月份前加"壹"字，如 1 月写成"零壹月"，10 月写成"零壹拾月"，12 月写成"零壹拾贰月"；日为 1 日至 10 日和日为 10 的倍数 (10、20、30) 对应在相应日期前加"零"字，如 9 日写成"零玖日"，10 日写成"零壹拾日"。

3. 现金支票金额写法

现金支票的大写金额涉及的大写汉字有万、仟、佰、拾、元、角、分、正 (整)，小写金额之前加人民币符号"￥"。

(1) 现金支票的数字到元为止的，要在元后加"正"或者"整"，如 4 600.00 写成"肆仟陆佰元正"。

(2) 现金支票的数字到角为止的，要在角后加"正"或者"整"，如 7 883.40 写成"柒仟捌佰捌拾叁元肆角正"。

(3) 现金支票的数字到分为止的，后面无须加任何字，如 7 883.15 写成"柒仟捌佰捌拾三元壹角伍分"。

4. 现金支票的印鉴章

企业应当在现金支票空白处加盖印鉴章 (预留银行的印章通常是法人私章与公司公章)。银行对支票的印章审核，只要和预留的印章一致即可。

5. 现金支票背面的填写

对于企业使用现金支票提取现金的情况，收款人就是企业的全称，在现金支票的背面收款人那里还要加盖企业的预留印章。注意，有部分银行同时还要求写上经办人的姓名与身份证号，并检查经办人的身份证原件。

三、编制记账凭证并登记日记账

1. 编制记账凭证

企业通过现金支票办理现金提取业务时，出纳人员应当根据现金支票的存根联（支票头）编制记账凭证。其会计分录如下：

借：库存现金

　　贷：银行存款

2. 登记日记账

企业根据支票存根联（支票头）编制记账凭证后，要根据审核无误的记账凭证登记现金日记账和银行存款日记账，一方面反映现金的增加，另一方面反映银行存款的减少。

四、现金提取业务训练

【例 3-1】 2022 年 2 月 1 日，WXR 公司签发现金支票提取备用金 6 000 元。

根据支票存根联，WXR 公司编制如下会计分录：

借：库存现金　　　　　　　　　6 000

　　贷：银行存款　　　　　　　　　6 000

任务三　现金送存业务的办理与训练

根据我国《现金管理暂行条例》规定，企业在日常经营活动中可以持有一部分现金，用于满足现金的使用需求，超过现金限额规定的部分及经营活动形成的现金收入，除特殊情况按规定可以坐支的外，应当于当日送存银行，办理现金送存业务。偏远地方的企业如果当日送存银行确有困难的，可以向开户银行申请延后送存，具体延后送存的时间由开户银行确定。

一、现金送存业务办理

实务中，企业办理送存现金业务的基本流程如下：

1. 整理现金

为了方便与银行工作人员核对，提高现金送存业务的工作效率，企业出纳人员应当在办理现金送存业务前，对需要送存的现金进行分类整理。

(1) 纸币的整理。企业出纳人员应当按照纸币的票面金额大小进行分类整理。实务中，纸币可分为主币与辅币。其中，主币有面值为 100 元、50 元、10 元、5 元、2 元和 1 元的纸币，辅币有面值为 5 角、2 角、1 角的纸币。企业出纳人员应当把库存现金的各种纸币打开铺平，按照币别大小分开整理，并确定每 100 张为一把，用纸条或橡皮筋箍好，每 10 把扎成一捆。不满 100 张的纸币按照金额从大到小平摊摆放。

(2) 铸币的整理。铸币有 1 元、5 角、1 角。企业出纳人员在整理铸币时，也应当按照铸币面值的大小分别整理，同一币别每 100 枚为一卷，用纸包紧卷好，每十卷为一捆。实务中，企业持有铸币金额较小的，也可以不送存银行，留在企业中用于流通。

2. 填写现金缴款单

出纳人员把需要送存的现金整理完成后，应当如实填写现金缴款单。现金缴款单的第一联为回单，由银行签章后作为送存企业的（原始凭证）记账依据。

实务中，企业出纳人员在填写现金缴款单时应当注意以下几个方面：

(1) 出纳人员必须如实填写现金缴款单的各项内容，尤其是重要的项目不得遗漏。

(2) 现金缴款单的日期应当填写送存银行当天的日期。

(3) 缴存的现金数量和金额必须与现金送存单的数量和金额一致。

(4) 出纳人员在填写现金缴款单时应当采用具有复写功能的纸，且要做到字迹清楚、规范，不得涂改。

3. 送存现金

企业出纳人员按照相关规定整理好现金并填写现金缴款单后，应当将需要送存的现金连同现金缴款单一起交到银行。企业出纳人员到开户银行送存现金时，应当与银行工作人员当面交接清点现金。银行工作人员核对无误，按照规定在现金缴款单上加盖印章，办理好相关手续后将回单联退还给企业出纳人员。

二、编制记账凭证并登记日记账

1. 编制记账凭证

企业把带回来的现金缴款单回单作为原始凭证，经过审核无误后编制记账凭证。其编制的会计分录如下：

借：银行存款
　　贷：库存现金

2. 登记日记账

企业根据现金缴款单回单编制记账凭证后，要根据审核无误的记账凭证登记现金日记账和银行存款日记账，一方面反映银行存款的增加，另一方面反映现金的减少。

三、现金送存业务训练

【例 3-2】2022 年 2 月 10 日，WXR 公司填写现金缴款单，把超过备用金限额规定的

50 000 元存入银行。

根据现金缴款单，WXR 公司编制如下会计分录：

借：银行存款   50 000

     贷：库存现金   50 000

任务四　现金收入业务的办理与训练

现金收入业务是企业在日常经营活动和非日常经营活动中形成的现金收入，主要包括企业零星销售商品、材料，提供服务和其他事项（收到的押金、罚款等）收到的现金。企业办理现金收入业务时，应当遵循现金来源合法合规、现金收入手续严格、现金收入业务办理一笔一清的原则，从而让企业的现金收入业务条理更清楚，效率更高。

一、现金收入业务办理

企业在办理现金收入业务时，一般都要涉及原始凭证的填制和审核、记账凭证的填制和审核、现金收付及现金日记账的登记。

（一）现金收款原始凭证的种类及填制要求

1. 原始凭证的种类

实务中，企业涉及现金收款业务的原始凭证，主要包括以下几种：

(1) 销售发票。销售发票是企业在销售商品、提供劳务以及从事其他经营活动中开具的证明经济业务发生或完成的票据。

(2) 内部收据。内部收据是企业开具的用于证明企业内部部门或与职工之间的现金往来及与外部单位和个人之间的非经营性现金往来的凭据。

2. 开具现金收款原始凭证的要求

企业在开具现金收款原始凭证时，应当满足以下几个方面的要求：

(1) 在开具现金收款原始凭证时，要正确选用现金收款原始凭证。

(2) 在开具现金收款原始凭证时，应当按照经济业务如实填开。

(3) 在开具现金收款原始凭证时，如发生错误，应将该凭证保留在票据本上，并盖上"作废"章，以示注销，不得随意将错误凭证丢弃，或连同该凭证存根联一并撕去。

（二）当面清点现金

企业发生现金收入业务时，出纳人员应当当面清点现金的数量并进行验钞，确保现金收入的金额符合应收的金额，确保收到的钞票不存在伪钞。实务中，出纳人员可以借助验钞机进行点钞和识别真伪。

（三）开具现金收入原始凭据

企业出纳人员在办理现金收入业务时，一方面按照应收取的现金金额完成现金收款，另一方面开具现金收款原始凭据，并加盖"现金收讫"印章和出纳人员名章，用以证明现金收入业务的发生或完成。

（四）编制记账凭证并登记日记账

1. 编制记账凭证

企业把开具的现金收入原始单据作为原始凭证，经过审核无误后编制记账凭证。其编制的会计分录如下：

借：库存现金

贷：主营业务收入

其他业务收入

应交税费——应交增值税（销项税额）

其他应付款

营业外收入等

2. 登记日记账

企业根据现金收入业务的原始单据编制记账凭证后，要根据审核无误的记账凭证登记现金日记账，反映库存现金的增加。

二、现金收入业务训练

【例 3-3】 2022 年 2 月 18 日，WXR 公司零售 A 产品 100 件，不含增值税的单价为每件 20 元，增值税税率为 16%，共收取现金 2 260 元。

根据收款收据和销售清单等凭据，WXR 公司编制如下会计分录：

借：库存现金　　　　　　　　　　　　　　　　　2 260

贷：主营业务收入　　　　　　　　　　　　　　2 000

应交税费——应交增值税（销项税额）　　260

【例 3-4】 2022 年 2 月 19 日，WXR 公司收到客户以现金支付的出租包装物租金 500 元，不考虑相关税费。

根据收款收据等凭据，WXR 公司编制如下会计分录：

借：库存现金　　　　　　　　　　　　　　　　　500

贷：其他业务收入　　　　　　　　　　　　　　500

【例 3-5】 2022 年 2 月 21 日，WXR 公司收到职工小王因违反管理制度规定交来的现金罚款 600 元。

根据收款收据等凭据，WXR 公司编制如下会计分录：

借：库存现金   600
　　贷：营业外收入   600

【例 3-6】 2022 年 2 月 22 日，WXR 公司收到职工小韦交来的现金 450 元，用于偿还公司本月代垫的水电费。

根据收款收据等凭据，WXR 公司编制如下会计分录：

借：库存现金   450
　　贷：其他应收款——小韦   450

任务五　现金支付业务的办理与训练

现金支付业务是企业在日常经营活动和非日常经营活动中发生的支付现金的业务。实务中，企业发生现金支付业务时，一定要取得有效的支付原始凭证，并且经过严格的审批手续后才能办理现金支付业务。

一、现金支付业务办理

企业日常经营活动中涉及现金支付业务的内容主要有员工报销差旅费、报销业务招待费、支付电话费、发放工资、职工借款业务等。实务中，企业在办理这些业务的过程中要特别注意办理报销差旅费业务时除了核对金额等相关信息以外，还要检查是否符合企业的报销制度，相关领导的签字手续是否完备；对于内部职工借款，要特别注意办理顺序，在借款金额等内容确认无误后，应当先让借款人在借据中的借款人处签字，再将现金交付给借款人，并在借款上盖上"现金付讫"的印章。

企业在办理现金支付业务时，一般都要涉及原始凭证的审核、记账凭证的填制和审核、现金收付及现金日记账的登记。

（一）现金支付业务涉及的原始凭证

实务中，企业在现金支付业务中涉及的原始凭证主要有以下五种：

1. 工资表

工资表是企业按月编制的反映应支付给职工的工资福利，员工签字后的工资表属于企业向职工支付工资的原始凭证。

2. 费用报销单

费用报销单是企业员工为因公购买零星物品，接受外单位或个人的劳务或服务而形成的报销业务，以及单位职工报销医药费等使用的报销单据。

3. 借款收据

借款收据通常是企业内部各部门为购买零星办公用品，或职工因公出差等原因向企业借款时的原始凭证。

4. 领款收据

领款收据通常是企业职工领取各种非工资性奖金、津贴、补贴、劳务费和其他各种现金款项及其他单位或个人向本单位领取劳务费、服务费时填制的，作为付款依据的原始凭证。

5. 差旅费报销单

差旅费报销单通常是企业内部人员因公出差返回报销所填写的报销凭证。

（二）审核原始凭据

企业出纳人员在办理现金支付业务时，应当认真核对报销人员提供的相关单据，包括核对费用金额、用途、相关人员签字等，核对完成后，由报销人员或领款人员在报销单指定位置签字，出纳人员按照应支付的现金金额完成现金付款，并加盖"现金付讫"印章，用以证明现金支付业务的发生或完成。

（三）当面清点现金

企业发生现金支付业务时，出纳人员应当当面清点现金的数量并进行验钞，确保现金支付的金额符合应支付的金额，确保支付的钞票不存在伪钞。报销人员或领款人员现场清点无误后，带着现金离开。实务中，出纳人员可以借助验钞机进行点钞和识别真伪。

（四）编制记账凭证并登记日记账

1. 编制记账凭证

企业把现金支付的相关原始单据作为原始凭证，经过审核无误后编制记账凭证。其编制的会计分录如下：

借：管理费用
　　销售费用
　　其他应收款
　　应付职工薪酬等
　贷：库存现金

2. 登记日记账

企业根据现金支付业务的原始单据编制记账凭证后，要根据审核无误的记账凭证登记现金日记账，反映库存现金的减少。

二、现金支付业务训练

【例 3-7】　2022 年 2 月 12 日，WXR 公司用现金支票提取 250 000 元备用金发工资，并在当日全部以现金形式发放完毕。

根据现金支票和工资表，WXR 公司编制如下会计分录：

借：库存现金　　　　　　　　250 000

　　贷：银行存款　　　　　　　　　250 000

借：应付职工薪酬　　　　　　250 000

　　贷：库存现金　　　　　　　　　250 000

【例 3-8】　2022 年 2 月 15 日，WXR 公司职工食堂刘小明领取备用金 6 000 元，以现金支付。

根据领款单据，WXR 公司编制如下会计分录：

借：其他应收款——刘小明　　6 000

　　贷：库存现金　　　　　　　　　6 000

【例 3-9】　2022 年 2 月 16 日，WXR 公司职工食堂用备用金购买食材，普通发票上注明金额 1 600 元。

根据购买食材的发票等，WXR 公司编制如下会计分录：

借：应付职工薪酬——福利费　　1 600

　　贷：库存现金　　　　　　　　　　1 600

【例 3-10】　2022 年 2 月 18 日，WXR 公司行政部门购买了 650 元的办公用品，经办人员拿着发票和入库单到财务部门报销。

根据购买办公用品的发票等，WXR 公司编制如下会计分录：

借：管理费用　　　　　　　　650

　　贷：库存现金　　　　　　　　　650

【例 3-11】　2022 年 2 月 20 日，WXR 公司职工小王报销医药费 620 元，以现金支付。

根据医药费发票等，WXR 公司编制如下会计分录：

借：应付职工薪酬——福利费　　620

　　贷：库存现金　　　　　　　　　620

【例 3-12】　2022 年 2 月 26 日，WXR 公司向农户收购农副产品用于生产免税商品，以现金支付购货款 8 000 元。

根据收购农产品发票等，WXR 公司编制如下会计分录：

借：库存商品　　　　　　　　8 000

　　贷：库存现金　　　　　　　　　8 000

任务六　理解备用金管理

备用金是企业内部各部门的工作人员用于零星开支、办公用品采购、业务招待、差旅费等，并以现金方式借用的款项，主要包括定额备用金和非定额备用金。企业内部各部门领用备用金时，先到财务部门申领借款单。借款单可采用一式三联凭证，第一联为付款凭证，财务部门作为记账依据；第二联为结算凭证；第三联交借款人员保存。借款人按规定的格式内容填写借款日期、借款部门、借款人、借款用途和借款金额等事项，经本部门经理签字同意后，由财务负责人签字审核，最后由总经理签字批准，签字手续完备的"借款单"由出纳人员办理付款事项。

一、定额备用金管理

定额备用金管理是指企业按照用款部门的实际需要核定备用金的最高定额，并按照所确定的金额拨付现金到企业内部各部门的管理办法。

实务中，在实行定额备用金制度的企业部门或工作人员应当按照所核定的金额填写借款单，办理完手续后一次性从财务部门领取全部定额现金。在实际发生费用时凭发票等原始单据到财务部门报销，出纳人员将报销金额补充至原来确定的定额标准，从而确保实行备用金制度的部门或工作人员手中能够经常保持核定的现金定额，有利于提高工作效率。然而，如果企业实行备用金制度的部门或工作人员过多，会导致占用企业现金，导致一部分现金闲置。

二、非定额备用金管理

非定额备用金管理是指企业内部各部门或工作人员根据实际用款需要向财务部门申请临时备用金的管理办法。

实务中，企业对于没有实行定额备用金管理的部门或工作人员，根据办理业务所需要的备用金数额填制借款单，办理全部手续后向出纳人员预借现金，在使用后凭发票等原始单据到财务部门报销，报销实行多退少补、一次结清的管理制度。

 习题与实训

一、单项选择题

1. 现金日记账应采用 ( ) 账簿。

A. 订本式   B. 活页式

C. 卡片式   D. 以上三种都可以

2. 出差人员报销差旅费时，在库存现金不够支付的情况下做法正确的是 ( )。

A. 出纳将私人现金先垫付   B. 从本单位现金收入中直接支付

C. 出纳个人打欠条   D. 开出现金支票支付

3. 下列项目中，库存现金限额最长不得超过 (   ) 的日常零星开支。

A. 3 天   B. 5 天

C. 10 天   D. 15 天

4. 下列项目中，不符合现金管理基本原则的是 (   )。

A. 钱账分管原则   B. 收付合法原则

C. 日清月结原则   D. 禁止坐支现金

5. 出纳人员从银行提取现金，除了填写支票外，还应当填写 (   )。

A. 支票领用簿   B. 发票领用簿

C. 收据领用簿   D. 以上均不对

6. 企业办理日常转账结算和现金需要，只能在银行开立一个 (   )。

A. 基本存款账户   B. 一般存款账户

C. 专用存款账户   D. 临时存款账户

7. 下列项目中，属于企业提取现金业务核算的会计分录为 (   )。

A. 借：库存现金   B. 借：银行存款
　　贷：银行存款   　　贷：库存现金

C. 借：吸收存款——活期存款   D. 借：贷款
　　贷：贷款   　　贷：吸收存款——活期存款

8. 银行在办理现金收入业务时应当先收款后记账，主要目的是 (   )。

A. 防止有关单位套取银行信用   B. 贯彻银行不垫款原则

C. 防止漏收款项   D. 以上说法都不对

9. 下列项目中，属于企业到银行支取现金时应填制的是 (   )。

A. 转账支票   B. 现金支票

C. 普通支票   D. 划线支票

10. 下列项目中，关于现金使用范围的说法不正确的是 (   )。

A. 支付 1 000 元以上的货款   B. 工资

C. 奖金   D. 差旅费

二、多项选择题

1. 管理员出差回来报销差旅费 1 000 元，原预借 1 500 元，交回剩余现金 500 元，这笔业务应该 (   )。

A. 只编制 500 元现金收款凭证   B. 根据 500 元编制现金收款凭证

C. 根据 1 000 元编制转账凭证   D. 编制 1 500 元转账凭证

2. 下列项目中，属于原始凭证的有 (   )。

A. 现金支票存根   B. 财务部门开具的小额销货发票记账联

C. 银行缴款单回执联   D. 未经批准的职工临时借款单

3. 下列项目中，做法不正确的有（   ）。

A. 从本单位的现金收入中直接支付现金

B. 用不符合财务制度的凭证顶替库存现金

C. 单位之间相互调剂现金

D. 私营企业将企业收入的现金以个人名义存入储蓄

4. 现金出纳的一般原则有（   ）。

A. 钱账分管原则
B. 收付分开原则

C. 双人经办原则
D. 复核制度原则

5. 下列项目中，属于登记现金日记账时增加原始凭证的有（   ）。

A. 从银行提取现金
B. 把现金送存银行

C. 收到员工支付的罚款
D. 出差人员归还多余差旅费

6. 下列项目中，属于出纳现金错款类型的有（   ）。

A. 现金溢出
B. 现金短缺

C. 坏账准备
D. 误收假币

7. 下列项目中，不能用现金支付的有（   ）。

A. 购买 250 元办公用品

B. 向非个人收购 30 000 元农副产品

C. 从 A 公司购入 40 000 元工业产品

D. 支付职工 20 000 元差旅费

8. 从银行提取现金备用，下列项目中，不属于登记库存现金日记账依据的有（   ）。

A. 现金付款凭证
B. 现金收款凭证

C. 银行存款付款凭证
D. 银行存款收款凭证

9. 下列项目中，可能成为现金支出原始凭证的有（   ）。

A. 借款收据
B. 工资表

C. 报销单
D. 商业承兑汇票

10. 下列项目中，对于现金盘点结果不应编制的单据有（   ）。

A. 存货盘存单
B. 账存实存对比表

C. 库存现金盘点表
D. 银行对账单

三、判断题

1. 单位临时收入的现金可以用个人名义暂时存入储蓄。　　　　　　（　　）

2. 因出纳人员变更，为明确责任，新任出纳应更换新的现金日记账进行登记。（　　）

3. 单位之间能相互借用现金。　　　　　　　　　　　　　　　　　（　　）

4. 现金出纳业务是银行业开展各项业务的基础。　　　　　　　　　（　　）

5. 进行现金收入业务时，先收款，后记账。　　　　　　　　　　　（　　）

6. 支票户向银行支取现金时，应签发现金支票，并在支票上加盖预留银行印鉴，由收款人背书后送交银行会计部门。 （ ）

7. 现金出纳是指直接用货币现钞进行的资金收付行为。 （ ）

8. 钱账分管原则是为了防止差错事故，也便于互相协商和分工处理。 （ ）

9. 每日现金账款的核对工作是在库房管理员收付的现金与现金收、付日记簿及现金入库票核对相符后，将现金入库保管，同时登记"现金库存簿"，结出本日库存，并同库房的实存现金核对相符。 （ ）

10. 查库时，查库人员要认真监督检查，但不必亲自动手核点。 （ ）

四、业务训练

WXR 公司在 2021 年 12 月初的库存现金余额为 68 000 元，本月发生以下经济业务：

(1) 3 日，车间技术员张化出差预借现金 500 元。

(2) 5 日，以库存现金支付法律咨询费 400 元。

(3) 6 日，以库存现金支付广告费 800 元。

(4) 10 日，从银行提取现金 92 800 元发放本月工资。

(5) 10 日，以库存现金 92 800 元发放本月工资。

(6) 12 日，车间技术员张化出差回公司报销差旅费 480 元，归还余额 20 元。

(7) 16 日，以库存现金支付办公用品购置费 480 元。

(8) 19 日，以库存现金 200 元支付违约罚款。

(9) 20 日，将现金 1 000 元送存银行。

(10) 21 日，以库存现金捐赠支付技工学校 900 元。

要求：根据上述资料填写原始凭证、编制记账凭证、登记日记账。

项目四 银行结算业务办理与应用

学习目标

★ 理解支票、银行汇票、银行本票、汇兑、委托收款、托收承付、商业汇票、其他结算业务的流程和规定；

★ 掌握支票、银行汇票、银行本票、汇兑、委托收款、托收承付、商业汇票、其他结算业务的会计处理，银行存款日记账的登记。

案例导入

文贞对出纳工作十分感兴趣，对银行的各种票据充满好奇，但又不知道这么多票据该怎么使用，看到一大堆的各种单据，如支票、银行汇票、银行本票、汇兑、委托收款、托收承付、商业汇票等，看得眼花缭乱，都不知道该从何做起，更不知道这些票据在什么情况下使用，也不知道该怎么填写。困惑迷茫中，文贞去找师父请教，你愿意成为文贞的师父吗？

思维导图

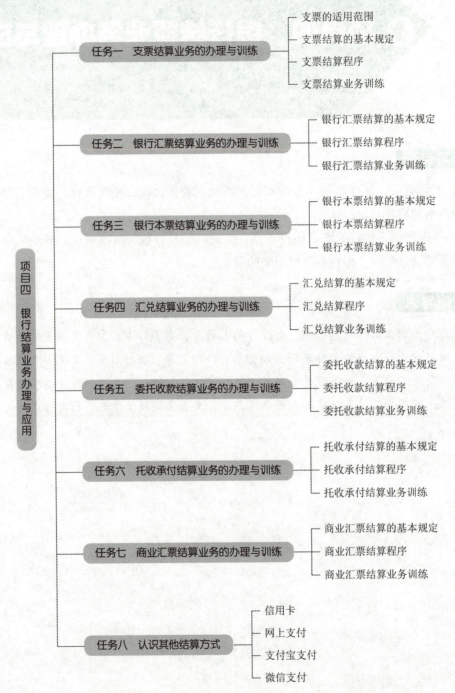

项目四 银行结算业务办理与应用

任务一 支票结算业务的办理与训练
- 支票的适用范围
- 支票结算的基本规定
- 支票结算程序
- 支票结算业务训练

任务二 银行汇票结算业务的办理与训练
- 银行汇票结算的基本规定
- 银行汇票结算程序
- 银行汇票结算业务训练

任务三 银行本票结算业务的办理与训练
- 银行本票结算的基本规定
- 银行本票结算程序
- 银行本票结算业务训练

任务四 汇兑结算业务的办理与训练
- 汇兑结算的基本规定
- 汇兑结算程序
- 汇兑结算业务训练

任务五 委托收款结算业务的办理与训练
- 委托收款结算的基本规定
- 委托收款结算程序
- 委托收款结算业务训练

任务六 托收承付结算业务的办理与训练
- 托收承付结算的基本规定
- 托收承付结算程序
- 托收承付结算业务训练

任务七 商业汇票结算业务的办理与训练
- 商业汇票结算的基本规定
- 商业汇票结算程序
- 商业汇票结算业务训练

任务八 认识其他结算方式
- 信用卡
- 网上支付
- 支付宝支付
- 微信支付

　　结算是企业在日常经营活动中因商品交易、劳务供应以及其他往来款项所形成的货币收付与资金清算行为。实务中，常见的结算方式有支票结算、银行汇票结算、银行本票结算、委托收款结算、商业汇票结算、托收承付结算、汇兑结算、信用卡结算、网银结算、支付宝结算、微信结算等。

任务一　支票结算业务的办理与训练

支票是单位或个人签发的，委托其开户银行在见票时无条件支付确定金额给收款人或者持票人的票据。支票是企业在日常经营活动中十分常用的结算方式，包括现金支票结算和转账支票结算。

一、支票的适用范围

实务中，支票适用于单位和个人在同一票据交换区域（同城）的各种款项结算。凡在银行开立账户的单位和个人经开户银行同意，均可以使用支票结算。支票样式如图 4-1、图 4-2、图 4-3 所示。

图 4-1　现金支票正面

图 4-2　不带存根的转账支票正面

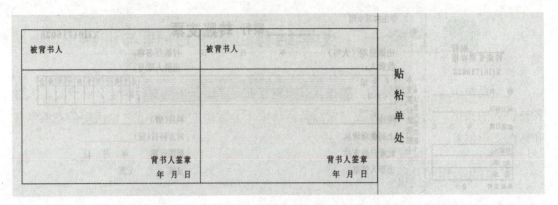

图 4-3　转账支票背面

二、支票结算的基本规定

根据我国票据管理有关制度规定，支票的签发与使用应当符合以下几个方面的要求：

(1) 签发支票应使用碳素墨水或墨汁填写。

(2) 支票出票日期应使用中文大写填写。工作人员在填写月和日时，月份为 1 月、2 月和 10 月的要在相应的月份前加"零"字，10 月至 12 月的在相应的月份前加"壹"字，如 1 月写成"零壹月"，10 月写成"零壹拾月"，12 月写成"零壹拾贰月"；日为 1 日至 10 日和日为 10 的倍数 (10、20、30) 的在相应日期前加"零"字，如 9 日写成"零玖日"，10 日写成"零壹拾日"。

(3) 支票金额应当以中文大写和阿拉伯数字同时记载，两者必须一致，中文大写金额应用正楷或行书填写，大写金额应紧接"人民币"字样填写，不得留有空白。

(4) 支票的出票日期、出票金额、收款人名称不得更改，其他记载事项更改必须由签发加盖预留银行印鉴之一证明。

(5) 支票一律记名，即签发的支票必须注明收款人的名称。

(6) 支票的有效期限为 10 天。有效期从签发的次日算起，到期日遇节假日顺延。企业签发日期过期支票银行不予受理。

(7) 支票上出票人的签章必须与预留银行印鉴一致。

(8) 签发人必须在银行账户余额内按规定向收款人签发支票。企业不准签发空头支票或印章与预留银行印鉴不符的支票。

(9) 企业已签发的现金支票遗失，可以向银行申请挂失。挂失前已经支付的，银行不予受理；已签发的转账支票遗失，应当办理支票挂失止付。注意：空白的支票不能挂失。

三、支票结算程序

（一）现金支票的结算程序

实务中，企业在日常经营活动中使用现金支票提取现金时，由企业出纳人员签发现金支票并加盖银行预留印鉴后，到开户银行提取现金；如果企业在日常经营活动中使用现金支票向外单位或个人支付现金时，由企业出纳人员签发现金支票并加盖银行预留印鉴后交给收款人，收款人在规定时间内持现金支票到企业的开户银行办理现金提取手续，完成款项结算。

（二）转账支票的结算程序

实务中，企业在日常经营活动中签发转账支票后，可以直接交给收款人。收款人拿到转账支票后可以直接交给其开户银行代收，也可以直接交给付款人的开户银行，委托银行将款项转给收款人。

1. 交给收款人开户银行办理转账的结算程序

(1) 付款人签发转账支票并加盖银行预留印鉴后，把支票交给收款人。

(2) 收款人审核无误后，应作委托收款背书，在支票背面"背书人签章"栏签章，记载"委托收款"字样、背书日期，在"被背书人"栏记载开户银行名称，并将支票和填制的"进账单"一并交其开户银行办理转账。

(3) 银行受理后，在"进账单"上加盖银行印章，退回给收款人，作为收款入账的凭据。

(4) 银行之间传递支票并清算资金。

2. 交给付款人开户银行办理转账的结算程序

(1) 付款人签发转账支票加盖银行预留印鉴，并填制"进账单"后，直接交其开户银行，要求转账。

(2) 付款人开户银行受理后，退回"进账单"回单联（第一联），然后将款项转入收款人开户银行。

(3) 银行之间传递凭证，并办理划转手续。

(4) 收款人开户银行办妥进账手续后，通知收款人收款入账。

四、支票结算业务训练

1. 付款企业的业务处理

付款企业签发支票后，根据支票存根联和发票账单等，编制如下会计分录：

借：原材料

　　库存商品

库存现金等

　　贷：银行存款

【例 4-1】　2022 年 3 月 3 日，WXR 公司签发现金支票提取备用金 5 000 元。

根据支票存根联，WXR 公司编制如下会计分录：

借：库存现金　　　　　　　　　　　　　　　　5 000

　　贷：银行存款　　　　　　　　　　　　　　　　5 000

【例 4-2】　2022 年 2 月 28 日，WXR 公司用转账支票支付本月的电费 6 000 元，其中行政管理部门承担 4 000 元，销售部门承担 2 000 元。

支付办公费时，WXR 公司编制如下会计分录：

借：管理费用　　　　　　　　　　　　　　　　4 000

　　销售费用　　　　　　　　　　　　　　　　2 000

　　贷：银行存款　　　　　　　　　　　　　　　　6 000

2. 收款企业的业务处理

收款企业收到支票后，填制"进账单"办理收款手续后，根据"进账单"、收款通知联和发票账单等，编制如下会计分录：

借：银行存款

　　贷：主营业务收入

　　　　其他业务收入

　　　　应收账款等

【例 4-3】　2022 年 3 月 5 日，WXR 公司向 F 商场销售产品 50 000 元，增值税 6 500 元，收到 F 商场交来转账支票金额为 56 500 元，WXR 公司填写进账单后，连同支票一起交到开户银行。

根据银行盖章退回的"进账单"收款通知联和发票账单等，WXR 公司编制如下会计分录：

借：银行存款　　　　　　　　　　　　　　　　56 500

　　贷：主营业务收入　　　　　　　　　　　　　　50 000

　　　　应交税费——应交增值税（销项税额）　　　6 500

 ## 任务二　银行汇票结算业务的办理与训练

银行汇票，是指由银行签发的，承诺自己在见票时按照实际结算金额无条件支付给收款人或者持票人的票据。银行汇票的出票银行为银行汇票的付款人。单位和个人各种款项的结算，均可使用银行汇票。银行汇票可以用于转账，填明"现金"字样的银行汇票也可以用于支取现金。银行汇票的样票及解讫通知如图 4-4、图 4-5、图 4-6 所示。

银行来往凭证和汇票
学生实习专用

_____ 银行

银行汇票

付款期限
壹个月

出票日期
（大写）　　　年　月　日

收款人：　　　　　　　　　　　　　账号：

出票金额　人民币
（大写）

实际结算金额　人民币
（大写）

		千	百	十	万	千	百	十	元	角	分

申请人：　　　　　　　　　　　　账号：
出票行：　　　　　　行号：
备注：

密押：

凭票付款

出票行签章

多余金额

千	百	十	万	千	百	十	元	角	分

复核　　　　记账

2　地名 BA 01 03066300

此联代理付款行付款后作联行往账借方凭证附件

图 4-4　银行汇票正面

被背书人

被背书人

背书人签章
年　月　日

背书人签章
年　月　日

持票人向银行
提示付款签章

身份证件名称：　　　民证机关：

号码：

（贴粘单处）

图 4-5　银行汇票背面

银行来往凭证和汇票
学生实习专用

_____ 银行

银行汇票（解讫通知）

付款期限
壹个月

出票日期
（大写）　　　年　月　日

收款人：　　　　　　　　　　　　代理付款行：　　　　　　　行号：

账号：

出票金额　人民币
（大写）

实际结算金额　人民币
（大写）

		千	百	十	万	千	百	十	元	角	分

申请人：　　　　　　　　　　　　账号：
出票行：　　　　　　行号：
备注：

密押：

代理付款行签章

多余金额

千	百	十	万	千	百	十	元	角	分

复核　　　　经办　　　　　　　复核　　　记账

3　BA 01 03066300

此联代理付款行兑付后随报单寄出票行作多余款贷方凭证由出票行

图 4-6　银行汇票解讫通知

一、银行汇票结算的基本规定

1. 银行汇票的签发和解付

根据我国票据管理的相关规定，银行汇票的签发和解付只能由中国人民银行和商业银行中参加"全国联行往来"的银行机构办理，其他金融机构或非金融机构不得越权办理。

2. 银行汇票的领取

实务中，企业在办理汇票结算业务时，会在汇票中指定某一特定对象为收款人，其他任何单位或个人都无权领取汇票中的款项。当然，如果汇票中所指定的收款人以背书的方式将领取款项的权利转让给其指定的收款人，其指定的收款人有领取款项的权利。

3. 银行汇票的付款期

实务中，汇票的付款期限从签发之日起到办理兑付之日止的期间为1个月。特别强调的是，这里的1个月期限是指从签发日开始计算，不论月大或月小，统一到下月对应日期止为1个月。企业在办理汇票结算业务时如果到期日遇到节假日可以往后顺延，但是已经逾期的汇票，兑付银行将不予办理。

4. 收款人拿到银行汇票后的办理手续

实务中，对于日常经营活动产生的银行汇票结算，在银行开立账户的收款人或被背书人受理银行汇票后，应当在银行汇票背面加盖预留银行的印章，并连同解讫通知、进账单一起拿给开户银行办理转账手续；未在银行开立账户的收款人到银行办理银行汇票支取款项业务，应当提交本人的身份证明，并在银行汇票的背面签字，按规定完成银行汇票支取的相关手续。

5. 提取现金的规定

实务中，收款人如果需要在兑付地提取现金，则汇款人应当在"银行汇票委托书"的汇款金额栏注明"现金"字样和汇款金额；如果需要分次提取的，应当以收款人的名义开立临时存款账户，且该临时存款账户只付不收，付完清户，不计利息。

6. 转汇的规定

实务中，银行汇票可以转汇，即可以委托兑付银行重新签发银行汇票。但是，转汇的收款人和用途不得更改，必须是原收款人和用途，兑付银行必须在银行汇票上加盖"转汇"戳记；已转汇的银行汇票，必须全额兑付。

7. 退汇的规定

汇款企业因银行汇票的出票时间超过了付款期限或由于其他原因没有使用汇票结算款项，企业可以分情况向签发银行申请退款。

8. 挂失的规定

实务中，如果持票人不慎遗失了银行汇票，可以根据具体情况采取相应补救措施：如果遗失了注明"现金"字样的银行汇票，持票人应当立即向签发银行或兑付银行请求挂失止付；如果遗失了注明收款单位名称的汇票，持票人应当立即通知收款单位、兑付银行、签发银行，请求协助防范。银行汇票遗失后，在付款期满后一个月内，确未被冒领的，可以办理退汇手续。

二、银行汇票结算程序

1. 汇款人申请办理汇票

汇款人申请办理汇票，应当按照规定向签发银行提交"银行汇票委托书"，在填写完备的"银行汇票委托书"上加盖汇款人预留银行的印鉴，由银行审查后签发银行汇票。

2. 银行签发汇票

签发银行受理企业提交的"银行汇票委托书"，审核"银行汇票委托书"的内容和印鉴，并在办妥转账或收妥现金后，向汇款人签发银行汇票。

3. 持往异地办理结算

汇款人持银行汇票和解讫通知与收款人办理结算业务。

4. 收款人审查

收款单位受理银行汇票，应当认真审查银行汇票，包括收款人或背书人是否确为本单位，银行汇票是否在付款期内，日期、金额等填写是否正确无误，出票人印章是否清晰，是否有压数机压印的出票金额，与大写出票金额是否一致，银行汇票和解讫通知是否齐全、相符，必须记载的事项是否齐全。审查无误后，在汇款金额以内，根据实际需要的款项办理结算，并将实际结算金额和剩余金额填入银行汇票和解讫通知的有关栏内。

5. 收款

收款人开户银行受理银行汇票后，将实际结算金额存入收款人账户，并将进账单和收款通知联退回给收款人，作为收款依据。

6. 银行清算

收款人开户银行与汇票签发银行办理资金清算。银行汇票的实际结算金额低于出票金额的，其剩余金额由签发银行退回到汇款人的账户。

三、银行汇票结算业务训练

1. 付款企业的业务处理

(1) 申请使用银行汇票时，编制如下会计分录：

借：其他货币资金——银行汇票存款

　　贷：银行存款

(2) 持银行汇票采购货物时，编制如下会计分录：

借：原材料

应交税费——应交增值税 (进项税额)

贷：其他货币资金——银行汇票存款

(3) 采购完毕收回剩余款项时，编制如下会计分录：

借：银行存款

贷：其他货币资金——银行汇票存款

【例 4-4】 WXR 公司为增值税一般纳税人，2022 年 2 月 10 日向银行申请办理银行汇票用以购买原材料，将款项 2 500 000 元交存银行转作银行汇票存款。

申请银行汇票时，WXR 公司编制如下会计分录：

借：其他货币资金——银行汇票存款   2 500 000

贷：银行存款   2 500 000

【例 4-5】 承接例 4-4，WXR 公司购入原材料一批，取得的增值税专用发票上注明的原材料价款为 2 000 000 元，增值税税额为 260 000 元，已用银行汇票办理结算，多余款项 180 000 元退回开户银行，企业已收到开户银行转来的多余款收账通知。

用银行汇票购买原材料时，WXR 公司编制如下会计分录：

借：原材料   2 000 000

应交税费——应交增值税 (进项税额)   260 000

贷：其他货币资金——银行汇票存款   2 260 000

同时

借：银行存款   240 000

贷：其他货币资金——银行汇票存款   240 000

2. 收款企业的业务处理

收款企业收到购货企业交来的银行汇票联和解讫通知单，填写进账单送到开户银行办理收账手续后，根据银行退回的进账单收账通知等，编制如下会计分录：

借：银行存款

贷：主营业务收入

其他业务收入

应交税费——应交增值税 (进项税额)

【例 4-6】 WXR 公司销售商品一批，开具的增值税专用发票上注明的原材料价款为 20 000 元，增值税税额为 2 600 元，收到购买方交来的银行汇票后办理结算。

收到银行汇票办理结算时，WXR 公司编制如下会计分录：

借：银行存款   22 600

贷：主营业务收入   20 000

应交税费——应交增值税 (进项税额)   2 600

任务三　银行本票结算业务的办理与训练

银行本票是指由银行签发的，承诺自己在见票时无条件支付确定的金额给收款人或持票人的票据。单位和个人在同一票据交换区域需要支付的各种款项均可使用银行本票。银行本票可以用于转账，注明"现金"字样的银行本票可以用于支取现金。银行本票的样票如图4-7所示。

一、银行本票结算的基本规定

1. 银行本票一律记名

实务中，企业在办理本票结算业务时会在本票中指定某一特定对象为收款人，其他任何单位或个人都无权领取本票中的款项。当然，如果本票中所指定的收款人以背书的方式将领取款项的权利转让给其指定的收款人，则其指定的收款人有领取款项的权利。

2. 银行本票的付款期

实务中，银行本票的付款期限从签发之日起到办理兑付之日止为2个月。特别强调的是，这里的2个月期限是指从签发日开始计算，不论大月还是小月，统一到下月对应日期止为1个月。企业在办理银行本票结算业务时，如果到期日遇到节假日可以往后顺延，但是，对于已经逾期的银行本票，兑付银行将不予办理。

3. 银行本票提取现金规定

银行本票如果需要提取现金，付款人应当在"银行本票申请书"上填明"现金"字样，银行受理签发本票时，在本票上画去"转账"字样并盖章，收款人凭此本票可以提取现金。注意：申请人或收款人为单位的，不得申请签发现金银行本票。

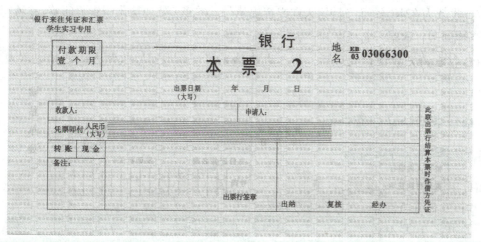

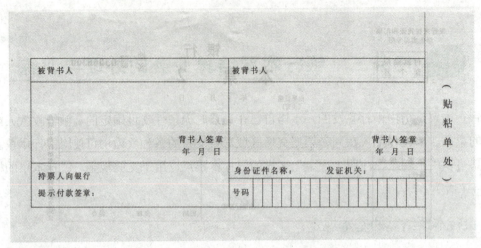

图 4-7　银行本票正面、反面票样

4. 银行本票见票即付

银行本票的出票人在持票人提示付款时必须承担付款的责任。

5. 银行本票丢失的处理

实务中，企业持有的注明"现金"字样的现金银行本票丢失可以挂失止付，发现注明"现金"字样的现金银行本票丢失，持票人应当立即向签发银行或兑付银行请求挂失止付；注明"转账"字样的转账银行本票丢失的，不予挂失。遗失的银行本票在付款期满后 1 个月确未冒领，可以办理退款手续。

二、银行本票结算程序

(1) 申请人填写"银行本票申请书"，把相应资金从企业账户划转到银行账户。

(2) 银行受理后，签发银行本票。

(3) 办理结算，申请人将银行本票交给收款人办理结算，取回发票账单。

(4) 收款人在本票背面"持票人向银行提示付款签章"处加盖预留银行印鉴，并填写"进账单"连同银行本票一起送交开户银行办理进账。

(5) 收款人开户银行受理后，将"进账单"第一联退回给收款人，通知收款人款项收妥。

三、银行本票结算业务训练

1. 付款企业的业务处理

(1) 申请使用银行本票时，编制如下会计分录：

借：其他货币资金——银行本票存款

　　贷：银行存款

(2) 持银行本票采购货物时，编制如下会计分录：

借：原材料

　　应交税费——应交增值税（进项税额）

　　　贷：其他货币资金——银行本票存款

(3) 因故为使用银行本票退回款项时，编制如下会计分录：

借：银行存款

　　　贷：其他货币资金——银行本票存款

【例 4-7】　WXR 公司为增值税一般纳税人，2022 年 2 月 12 日向银行申请办理银行本票用以购买商品，将款项 226 000 元交存银行转作银行汇票存款。

申请银行汇票时，WXR 公司编制如下会计分录：

借：其他货币资金——银行本票存款　　　226 000

　　　贷：银行存款　　　　　　　　　　　　　226 000

【例 4-8】　承接例 4-7，WXR 公司购入商品一批，取得的增值税专用发票上注明的商品价款为 200 000 元，增值税税额为 26 000 元，已用银行本票办理结算。

用银行本票购买商品时，WXR 公司编制如下会计分录：

借：库存商品　　　　　　　　　　　　　200 000

　　应交税费——应交增值税（进项税额）　26 000

　　　贷：其他货币资金——银行本票存款　　　226 000

2. 收款企业的业务处理

收款企业收到购货企业交来的"银行本票联"，填写进账单送到开户银行办理收账手续后，根据银行退回的进账单收账通知等，编制如下会计分录：

借：银行存款

　　　贷：主营业务收入

　　　　　其他业务收入

　　　　　应交税费——应交增值税（销项税额）

【例 4-9】　WXR 公司销售商品一批，开具的增值税专用发票上注明的原材料价款为 100 000 元，增值税税额为 13 000 元，收到购买方交来银行本票办理结算。

收到银行本票办理结算时，WXR 公司编制如下会计分录：

借：银行存款　　　　　　　　　　　　　113 000

　　　贷：主营业务收入　　　　　　　　　　　100 000

　　　　　应交税费——应交增值税（销项税额）　13 000

 ## 任务四　汇兑结算业务的办理与训练

汇兑是汇款人由于经济交易或其他业务结算需要，委托银行将一定数量的款项支付给收款人的结算方式。汇兑结算方式主要用于异地之间的单位或个人由于交易或其他业务所形成的各种款项结算，具有划拨款项简单、灵活的特点。实务中，常用的汇兑结算方式主要有电汇结算和信汇结算。汇兑结算凭证如图4-8、图4-9、图4-10所示。

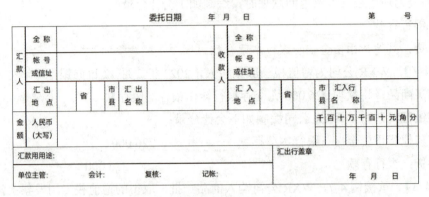

图 4-8　银行电汇凭证（回单）

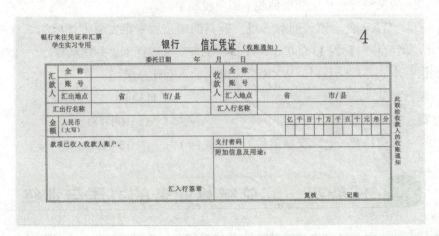

图 4-9　银行信汇凭证（回单）

图 4-10　银行信汇凭证（收账通知）

一、汇兑结算的基本规定

1. 汇兑结算的起点金额

实务中，企业在日常经营活动中采用汇兑结算方式结算。汇兑结算没有起点金额的限制。换句话说，不管结算金额是多少，都可以采用汇兑结算方式。

2. 支取现金的规定

收款人（个人）需要在汇入行支取现金的，应在汇兑凭证上的"汇款金额"栏中先填写"现金"字样，再填写汇款的金额；收款人需携带本人有效证件（身份证）到银行一次办理现金支付手续。

3. 留行待取的规定

汇款人将款项汇往异地需要派人领取的，在办理汇款时，应当在签发的汇兑凭证各联的收款人账号或地址栏注明"留行待取"字样。

4. 分次支取的规定

实务中，如果汇出的款项需要分次支取，应当向汇入银行说明分次支取的原因和性质，经汇入行审核同意后，以收款人的名义设立临时存款账户。该账户只付不收，结清为止，不计利息。

5. 转汇的规定

实务中，收款人如果需要将汇款转到另外一个地点，应当在汇入银行重新办理汇款手续。转汇时，收款人和用途不得改变，汇入银行必须在汇兑凭证上加盖"转汇"戳记。

6. 退汇的规定

实务中，汇款人可以对汇出银行尚未汇出的款项申请撤销，可以对汇出银行已经汇出的款项申请退汇。另外，汇入银行对收款人拒绝接收的款项，应当及时办理退汇。

二、汇兑结算程序

1. 汇款人办理汇款

汇款人委托银行办理汇兑结算时，出纳人员应当填写汇兑凭证。如果需要注明"留行待取""现金"字样，应当在有关栏目填写清楚。

2. 银行受理汇兑

银行受理汇款人签发的汇兑凭证，经审查无误后办理汇款手续，在凭证第一联回单联加盖"转讫"印章后退给汇款人，同时收取相应的汇款手续费。

3. 通知收款人收款

出纳人员办理好汇兑手续后，应当通过传真汇兑凭证、电话通知、短信通知、微信通知等方式告知对方准备收取汇款。

4. 收款人办理进账或取款

收款人在银行开立存款账户的，收到汇入银行转来的汇款凭证，按照相关规定办理转账手续。如果需要办理现金取款，出纳人员应当在收款通知上加盖本单位的预留银行印鉴后，到银行办理现金取款。

三、汇兑结算业务训练

1. 付款企业的业务处理

委托银行办理汇兑手续后，编制如下会计分录：

借：原材料

库存商品等

应交税费——应交增值税 (进项税额)

贷：银行存款

或

借：应付账款

贷：银行存款

【例 4-10】 WXR 公司 2022 年 2 月 10 日购入原材料一批，取得的增值税专用发票上注明的商品价款为 200 000 元，增值税税额为 26 000 元，通过银行汇兑办理结算。

用银行本票购买商品时，WXR 公司编制如下会计分录：

借：原材料　　　　　　　　　　　　　　　200 000

应交税费——应交增值税 (进项税额)　　26 000

贷：银行存款　　　　　　　　　　　　226 000

2. 收款企业的业务处理

收到购货企业汇兑凭证收款通知时，编制如下会计分录：

借：银行存款

贷：主营业务收入

其他业务收入

应交税费——应交增值税 (销项税额)

或

借：银行存款

贷：应收账款

【例 4-11】 WXR 公司 2022 年 2 月 15 日向 A 公司销售商品一批，货款为 30 000 元，增值税销项税额为 3 900 元，同日收到 A 公司通过汇兑结算交来的款项。

收到汇兑结算款项时，WXR 公司编制如下会计分录：

借：银行存款　　　　　　　　　　　　　33 900
　　贷：主营业务收入　　　　　　　　　　　30 000
　　　　应交税费——应交增值税 (销项税额)　3 900

 ## 任务五　委托收款结算业务的办理与训练

委托收款是收款人委托银行向付款人收取款项的结算方式。实务中，企业在日常经营活动中，可以通过委托开户银行向客户收取相关的交易款项。

一、委托收款结算的基本规定

1. 委托收款的起点金额

实务中，企业在日常经营活动中采用委托收款结算方式结算，没有结算的起点金额限制。换句话说，不管结算金额多少，都可以采用委托收款结算方式。

2. 付款期的规定

委托收款的付款期为 3 天，从付款人开户银行发出付款通知的次日算起。付款人在付款期内未向银行提出异议，银行在付款期满的次日将款项转给收款人。如果在付款期满前，付款人通知银行提前付款，银行应当及时付款。

3. 付款人拒绝付款的规定

付款人审查有关债务证明后，对收款人委托收取的款项需要拒绝付款的，可以办理拒绝付款。付款人需要拒绝付款的，应当在付款期内填制委托收款结算拒绝付款理由书，并加盖银行预留印鉴章，连同有关凭据交到开户银行，银行将付款人拒绝付款理由书和有关凭据转交给收款人开户银行后再转交给收款人。

4. 无力支付的规定

在付款期满之日银行下班前，如果付款人没有足够的资金支付确定金额的款项，视为无力支付。若银行于次日营业，付款人应当在两天内将有关单证退回开户银行，银行再将有关结算凭证连同单证退回收款人开户银行转交收款人。

二、委托收款结算程序

1. 收款人委托收款

收款人由于经济交易需要办理委托收款，应当向开户银行填写委托收款凭证并提交有关债务证明，委托银行向付款人收取相应款项。

2. 受理托收

收款人开户银行按照规定程序审核受理后，将委托收款凭证第一联回单加盖银行业务受理印章后退回给收款人。

3. 传递凭证

办理委托收款手续后，收款人开户银行将有关单证转交给付款人开户银行，以通知付款人按时付款。

4. 付款人付款

付款人开户银行接到收款人开户银行交来的委托收款凭证及债务证明，审核无误后办理付款手续。

三、委托收款结算业务训练

1. 收款企业的业务处理

(1) 办妥委托银行收款手续后，编制如下会计分录：

借：应收账款

　　贷：主营业务收入

　　　　其他业务收入

　　　　应交税费——应交增值税（销项税额）

(2) 接到银行转来的收账通知时，编制如下会计分录：

借：银行存款

　　贷：应收账款

2. 付款企业的业务处理

接到银行转来的付款通知后，编制如下会计分录：

借：原材料

　　库存商品等

　　应交税费——应交增值税（进项税额）

　　贷：银行存款

【例 4-12】 WXR 公司 2022 年 2 月 10 日购入原材料一批，取得的增值税专用发票上注明的商品价款为 20 000 元，增值税税额为 2 600 元，通过托收承付办理结算，已收到银行转来的付款通知。

收到银行付款通知时，WXR 公司编制如下会计分录：

借：原材料　　　　　　　　　　　　　　　　　　　20 000

　　应交税费——应交增值税（进项税额）　　　　　2 600

　　贷：银行存款　　　　　　　　　　　　　　　　　　22 600

任务六 托收承付结算业务的办理与训练

托收承付是企业根据购销合同约定,由收款人发货后委托银行向异地付款人收取款项,由付款人向银行承诺付款的结算方式。实务中,托收承付结算方式通常用于异地企业之间订有经济合同的商品交易和因商品交易所产生的劳务供应款项的结算。注意:代销、零售、赊销商品的款项不得办理托收承付结算。

一、托收承付结算的基本规定

(1) 使用托收承付结算方式的收款单位和付款单位必须是国有企业、供销合作社以及经营管理较好并经开户银行审查同意的城乡集体所有制工业企业。

(2) 收款双方使用托收承付结算,必须签有符合经济合同法的购销合同,并在合同上注明使用托收承付结算方式。

(3) 收付双方办理托收承付结算,必须重合同,守信用。

收款人对同一付款人发货托收累计 3 次收不回货款的,收款开户银行应暂停收款人向该付款人办理托收;付款人累计 3 次提出无理拒付的,付款人开户银行应暂停其向外办理托收。

(4) 收款人办理托收,必须具有商品确已发运的证件。

(5) 托收承付结算每笔的金额起点为 10 000 元。

二、托收承付结算程序

实务中,企业办理托收承付结算业务通常分为托收和承付两个阶段。其中,托收是收款企业根据购销合同发货后,委托银行向付款企业收取款项的行为;承付是付款企业根据经济合同核对单证或验货后,向银行承诺付款的行为。

1. 收款企业委托收款

收款企业根据购销合同发运商品并支付代垫运费后,向银行提交托收承付结算凭证和购销合同、发票账单、发运证明等凭据。收款企业在第二联上加盖银行预留印鉴章,委托银行向付款企业收取款项。

2. 银行受理托收

收款企业开户银行审核受理后,将托收承付结算凭证第一联回单加盖银行业务受理章后退回收款企业。

3. 银行间传递凭证

收款企业开户银行将业务结算有关凭据交给付款企业开户银行，用以通知付款企业付款。

4. 付款企业承诺付款

付款企业开户银行收到托收凭证和相关附件后，应当及时通知付款企业付款。付款企业应当在承付有效期内审核，并安排支付款项。实务中，付款企业承付货款分为验单付款和验货付款两种方式。其中，验单付款承付期限为 3 天，从付款人开户银行发出承付通知的次日算起；验货付款承付期限为 10 天，从运输部门向付款人发出提货通知的次日算起。

5. 付款企业逾期付款

实务中，付款企业在承付期满日，如果没有足够的资金支付，其差额的部分视为逾期未付款项。付款企业开户银行应当根据逾期付款金额和逾期天数，按每天万分之五计算逾期未付赔偿金。

6. 付款企业拒绝付款

实务中，付款企业在验单或验货过程中发现收款企业托收款项计算有误或货物的品种、规格、数量、质量等与合同规定不符等情况，可以在承付期内提出全部或部分拒付，并填写"拒绝付款理由书"，向银行办理拒付手续。托收凭证如图 4-11、图 4-12 所示。

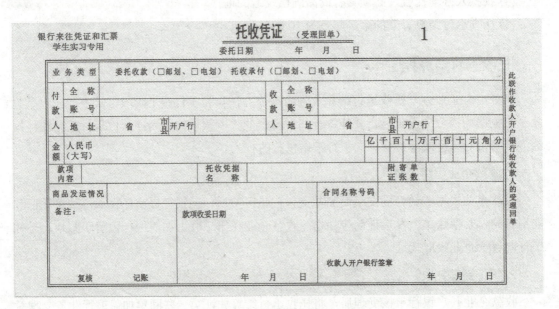

图 4-11　托收凭证（受理回单）

托收凭证　（付款通知）　5

委托日期　　年　月　日　　付款期限　　年　月　日

业务类型	委托收款（□邮划，□电划）　　托收承付（□邮划，□电划）			
付款人 全称		收款人 全称		
付款人 账号		收款人 账号		
付款人 地址	省　市　开户行	收款人 地址	省　市 县　开户行	
金额	人民币（大写）			千 百 十 万 千 百 拾 元 角 分
款项内容		托收凭证名称		附寄单据张数
商品发运情况	已发运	合同名称号码		
备注： 付款人开户银行收到日期 年　月　日 复核　　记账	年　月　日	付款人注意： 1.根据支付结算办法规定，上列托收款项，如超过承付期限未提出拒付，即视同全部承付。以此联代付款通知。 2.如系全部或部分拒付，应在承付期限内另填拒绝承付理由书送银行办理。		

此联是收款人开户银行给收款人的受理回单

图 4-12　托收凭证 (付款通知)

三、托收承付结算业务训练

1. 收款企业的业务处理

办妥委托银行收款手续后，编制如下会计分录：

借：应收账款

　　贷：主营业务收入

　　　　其他业务收入

　　　　应交税费——应交增值税 (销项税额)

收到银行转来的托收承付结算凭证时，编制如下会计分录：

借：银行存款

　　贷：应收账款

【例 4-13】 WXR 公司 2022 年 2 月 13 日向外地 F 公司发出 A 商品一批，售价 30 000 元，增值税 3 900 元。WXR 公司根据有关单证填制托收承付结算凭证，连同有关单据交付银行办理托收手续。

根据托收单据，WXR 公司编制如下会计分录：

借：应收账款——F 公司　　　　　33 900

　　贷：主营业务收入　　　　　　　　30 000

　　　　应交税费——应交增值税 (销项税额)　　3 900

收到银行转来的托收凭证收账通知时，WXR 公司编制如下会计分录：

借：银行存款　　　　　33 900

　　贷：应收账款——F 公司　　　　33 900

2.付款企业的业务处理

收到银行转来的托收承付结算凭证付款时，编制如下会计分录：

借：原材料

　　库存商品等

　　应交税费——应交增值税（进项税额）

　　贷：银行存款

【例 4-14】 WXR 公司 2022 年 1 月 20 日向外地供应商 F 公司购买 A 材料一批，不含税购买价款为 20 000 元，增值税为 2 600 元。WXR 公司根据 F 公司交来有关托收承付结算凭证和有关单据委托开户银行支付款项。

根据购买材料的相关单据，WXR 公司编制如下会计分录：

借：原材料——A 材料　　　　　　　　　　　20 000

　　应交税费——应交增值税（进项税额）　　2 600

　　贷：银行存款　　　　　　　　　　　　　　　22 600

任务七　商业汇票结算业务的办理与训练

商业汇票是出票人签发的，委托付款人在指定日期无条件支付确定的金额给收款人或者持票人的票据。商业汇票按照承兑人的身份不同可以分为商业承兑汇票和银行承兑汇票。其中，商业承兑汇票是出票人签发并承诺在商业汇票到期日支付确定的金额，银行承兑汇票是指银行承诺在商业汇票到期日支付确定的金额。实务中，商业汇票通常用于在银行开立账户的法人和其他组织之间，按照已经签订的购销合同先发货后收款或延期付款的商品交易。商业汇票的样票如图 4-13、图 4-14、图 4-15、图 4-16 所示。

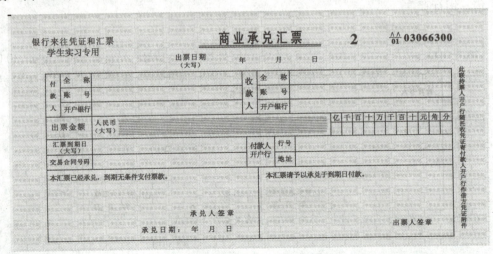

图 4-13　商业承兑汇票正面

被背书人		被背书人	
背书人签章 年　月　日		背书人签章 年　月　日	

图 4-14　商业承兑汇票背面

银行承兑汇票　2　CA01 03060886

银行来往凭证和汇票
学生实习专用

出票日期 （大写）		年	月	日		

出票人全称		收款人	全　称											
出票人账号			账　号											
付款行全称			开户银行											
出票金额	人民币 （大写）					亿	千	百	十	万	千	百	十	元	角	分
汇票到期日 （大写）		付款行	行号											
承兑协议编号			地址											

本汇票请你行承兑，到期无条件付款。	本汇票已经承兑，到期日由 本行付款。
	承兑日期　　年　　月　　日
出票人签章	备注　　　　　　　　复核　　　记账

此联收款人开户行随托收凭证寄付款行作借方凭证附件

图 4-15　银行承兑汇票正面

被背书人		被背书人	
背书人签章 年　月　日		背书人签章 年　月　日	

图 4-16　银行承兑汇票背面

一、商业汇票结算的基本规定

(1) 使用商业汇票的单位必须是在银行开立存款账户的企业法人。

(2) 企业签发商业汇票应当以商品交易为基础，禁止签发、承兑、贴现无商品交易的商业汇票。

(3) 商业汇票一律采用记名方式，商业汇票允许背书转让。

(4) 商业汇票承兑期限，由交易双方商定，但最长不得超过 6 个月。

(5) 商业汇票到期后，一律通过银行办理转账结算，商业汇票的提示付款期限自汇票到期日起 10 日内。

(6) 企业不得签发没有资金保证的商业承兑汇票。

二、商业汇票结算程序

（一）商业承兑汇票结算程序

1. 签发汇票并将承兑后的汇票交收款企业

商业承兑汇票由收款企业签发后交给付款人承兑或由付款企业签发并承兑。

2. 委托银行收款

收款企业在汇票到期日起 10 日内，将商业汇票和委托收款凭据交到开户银行，委托开户银行向承兑人收取确定金额的款项。

3. 银行办理清算

收款企业开户银行将收到的相关凭据交给付款企业开户银行，并委托其代收票据上确定金额的款项。

4. 到期付款企业的款项

付款企业应当在商业承兑汇票到期前将相应的资金存入开户银行，在收到开户银行转来的付款通知时，当日通知其开户银行支付确定金额的款项。

（二）银行承兑汇票结算程序

1. 签发汇票并申请承兑

收款企业或付款企业签发银行承兑汇票。由付款企业向其开户银行申请承兑，银行按照程序审核后，与付款企业签订"银行承兑协议书"，并按票面金额的万分之五收取承兑手续费。

2. 银行承兑

付款企业开户银行在银行承兑汇票上加盖印章，并用压数机压印汇票金额后，把银行承兑汇票交给付款企业。

3. 交付商业汇票

付款企业将银行已经承兑的商业汇票交给收款企业，办理货物交割和运输。

4. 委托收款

收款企业在银行承兑汇票到期日起 10 日内，持银行承兑汇票与进账单一起交到开户银行，办理收账手续，银行受理后将进账单第一联退给收款企业。

5. 银行兑付款项

付款企业的承兑银行按照相关规定将款项存入收款企业的开户银行，完成款项的支付。

三、商业汇票结算业务训练

商业汇票的账务处理应当设置"应付票据""应收票据"进行核算。

（一）付款企业的业务处理

(1) 开出、承兑商业汇票采购货物时，编制如下会计分录：

借：原材料

　　库存商品等

　　应交税费——应交增值税（进项税额）

　　贷：应付票据

(2) 支付银行承兑汇票手续费时，编制如下会计分录：

借：财务费用——手续费

　　贷：银行存款

(3) 到期兑付款项时，编制如下会计分录：

借：应付票据

　　贷：银行存款

(4) 到期无力偿还时，编制如下会计分录：

借：应付票据

　　贷：应付账款

或

借：应付票据

　　贷：短期借款

【例 4-15】 2022 年 1 月 5 日，WXR 公司购入一批 E 材料，增值税专用发票上注明材料价款为 50 000 元，增值税为 6 500 元。双方商定采用商业承兑汇票结算方式支付货款，付款期限为 3 个月，材料已验收入库。

购买材料入库时，WXR 公司编制如下会计分录：

借：原材料——E 材料　　　　　　　　　　　50 000

　　应交税费——应交增值税（进项税额）　　 6 500

　　贷：应付票据　　　　　　　　　　　　　　56 500

（二）收款企业的业务处理

(1) 收到商业汇票时，编制如下会计分录：

借：应收票据

　　贷：主营业务收入

　　　　应交税费——应交增值税（销项税额）

(2) 票据到期收回票款时，编制如下会计分录：

借：银行存款

　　贷：应收票据

(3) 商业承兑汇票到期不能收回票款时，编制如下会计分录：

借：应收账款

　　贷：应收票据

【例 4-16】　WXR 公司 2022 年 2 月 10 日向 Q 公司发出 A 商品一批，售价 100 000 元，增值税 13 000 元。WXR 公司收到 Q 公司开来的 3 个月商业承兑汇票。

根据销售相关单据，WXR 公司编制如下会计分录：

借：应收票据——Q 公司　　　　　　　　　　113 000

　　贷：主营业务收入　　　　　　　　　　　　100 000

　　　　应交税费——应交增值税（销项税额）　 13 000

任务八　认识其他结算方式

一、信用卡

　　信用卡是商业银行向个人和单位发行的凭以向特约单位购物、消费和向银行存取现金，具有消费信用的特制卡片。实务中，信用卡按照发卡对象不同可以分为单位卡和个人卡两种。

　　实务中，信用卡的申领首先由申请人填写信用卡申请表，并连同有关申请资料一起交给发卡银行。发卡银行对申请表进行核实后受理信用卡申请，符合发卡条件的，可以向申请人发出信用卡通知书，通知申请人到发卡银行办理信用卡存款开户手续并领取信用卡。信用卡仅限于合法持卡人本人使用，持卡人不得出租或转借。持卡人可持信用卡在特约单位购物，持卡人持卡在特约单位购物、消费时，应当将信用卡交给特约单位，划拨款项后在签购单上签名确认。

二、网上支付

网上支付是企业通过网络与银行之间的支付端口进行款项交付的一种新型的即时支付结算方式。实务中，企业以网上支付的方式向收款方支付款项时，可以直接进入网上支付端进行在线支付，使用方便快捷。收款方也可以通过网银系统直接查询款项是否到账，以及每笔款项的到账时间。

银行开通了网银支付系统，所有企业只要在银行开立账户，都可以申请开通网上支付结算业务。实务中，企业申请开通网上支付功能，应当先在银行开立账户，然后填写电子银行业务申请表，提交办理网上支付业务相关的资料，银行受理后办理银行动态口令密码器并交付给申请人。企业开通网上支付功能后，就可以在任何有网络的地方按照支付程序完成网上付款结算业务，既安全又快捷。目前，很多企业都开通了网上支付结算功能。

三、支付宝支付

支付宝支付是日常经营活动中十分常见而又便捷的一种支付结算方式，不管是企业用户还是个人用户，只要注册支付宝账户，就可以使用支付宝结算，可以即时到账，安全又快捷。

企业使用支付宝交易时应当注意交易类型的选择，主要包括卖出交易和买入交易。具体而言，交易可以细分为担保交易和即时到账交易两种类型。实务中，即时到账交易不受支付宝交易保障规则的保护，所支付的款项直接进入收款方的支付宝账户。

四、微信支付

微信支付是日常经营活动中十分常见而又便捷的一种支付结算方式，不管是企业用户还是个人用户，只要注册微信账号，就可以使用微信结算，可以即时到账，安全又快捷。

企业销售商品选择使用微信支付结算方式时，需要注意接入微信支付和使用微信支付。企业销售商品、提供劳务等需要使用微信时，应当先接入微信支付，其接入方式主要包括公众号支付接入、APP支付接入、扫码支付接入和刷卡支付接入。实务中，每一种接入方式的支付流程模式有所不同，企业可以根据自身业务发展的需要和支付结算业务的特点选择合适的支付方式。

 习题与实训

一、单项选择题

1. 下列项目中，属于支票的提示付款期限的是（　　）。

A. 3 日　　　　　　　　　　　　B. 5 日

C. 10 日   D. 15 日

2. 下列项目中，属于银行汇票的记载事项的是 (　　)。

A. 收款人姓名或单位   B. 出票日期

C. 汇款用途   D. 兑付地、兑付行、行号

3. 下列项目中，属于不定额银行本票起点金额的是 (　　)。

A. 100 元   B. 1 000 元

C. 5 000 元   D. 10 000 元

4. 下列项目中，属于汇兑结算金额限制的是 (　　)。

A. 10 000 元   B. 20 000 元

C. 500 000 元   D. 无限制

5. 下列项目中，属于委托收款适用范围的是 (　　)。

A. 个体经济户   B. 企业

C. 在银行开立账户的单位 D. 公用事业单位

6. 下列项目中，关于托收承付逾期付款的说法不正确的是 (　　)。

A. 付款人开户银行对付款人逾期支付的款项，应当根据逾期付款金额和逾期天数，按每天万分之五计算逾期付款赔偿金

B. 赔偿金实行定期扣付，每年计算一次，于次月 3 日内单独划给收款人

C. 逾期付款天数从承付期满日算起

D. 付款人开户银行对逾期未付的托收凭证，负责进行扣款的期限为 3 个月

7. 下列项目中，不属于商业汇票当事人的是 (　　)。

A. 承兑人   B. 出票人

C. 付款人   D. 收款人

8. 下列项目中，不属于信用卡还款逾期后果的是 (　　)。

A. 产生违约金，一般是最低还款额，未还部分的 15%

B. 高额利息，而且是利滚利，欠款多的情况下利息是很吓人的

C. 逾期会让信用记录产生污点，导致今后 2 年内买房、贷款等金融需求不能办理

D. 逾期超过 3 个月没还，且金额超过 1 万元，银行多次催款未果，到时候需要承担的不仅是还钱，还可能承担刑事责任

9. 下列项目中，不属于网上银行业务品种的是 (　　)。

A. 基本业务   B. 网上投资

C. 网上开发票   D. 网上购物

10. 下列项目中，不属于网上银行注意事项的是 (　　)。

A. 设置混合密码、双密码 B. 妥善保管数字证书

C. 警惕电子邮件链接   D. 不定期查看交易记录

二、多项选择题

1. 下列项目中，属于支票绝对记载事项的有（   ）。

A. 确定的金额　　　　　　　　B. 付款人名称

C. 出票日期　　　　　　　　　D. 付款地

2. 下列项目中，属于银行汇票结算当事人的有（   ）。

A. 承兑人　　　　　　　　　　B. 出票人

C. 付款人　　　　　　　　　　D. 收款人

3. 下列项目中，属于签发银行本票必须记载事项的有（   ）。

A. 标明"银行本票"的字样　　　B. 收款人名称

C. 出票日期　　　　　　　　　D. 出票人签章

4. 下列项目中，属于汇款人委托银行办理汇兑时应向汇出银行填写的内容有（   ）。

A. 预留银行印鉴　　　　　　　B. 汇入地点

C. 收款人身份证号　　　　　　D. 汇款用途

5. 下列项目中，不属于使用委托收款结算方式的凭证有（   ）。

A. 已承兑商业汇票　　　　　　B. 不定期储蓄存款

C. 定期储蓄存款　　　　　　　D. 股票

6. 下列项目中，属于异地托收承付结算程序的有（   ）。

A. 收款人发出商品　　　　　　B. 收款人出具身份证

C. 付款人承认付款　　　　　　D. 付款人预留印鉴

7. 下列项目中，属于商业汇票分类的有（   ）。

A. 商业承兑汇票　　　　　　　B. 银行汇票

C. 支票　　　　　　　　　　　D. 银行承兑汇票

8. 下列项目中，属于信用卡分类的有（   ）。

A. 贷记卡　　　　　　　　　　B. 准贷记卡

C. 借记卡　　　　　　　　　　D. 储蓄卡

9. 下列项目中，属于网上交易功能的有（   ）。

A. 商户系统　　　　　　　　　B. 电子钱包系统

C. 支付网关　　　　　　　　　D. 安全认证

10. 下列项目中，属于网上银行优势的有（   ）。

A. 银行经营成本高，银行盈利能力低下

B. 无时空限制，有利于扩大客户群体

C. 有利于服务创新，向客户提供多种类、个性化服务

D. 大大降低银行经营成本，有效提高银行盈利能力

三、判断题

1. 支票不可以背书转让。 （ ）

2. 银行汇票可以不记名。 （ ）

3. 银行本票的提示付款期限自出票日起 2 个月。 （ ）

4. 汇兑结算方式只有单位可以使用。 （ ）

5. 委托收款的结算方式仅可以同城使用。 （ ）

6. 托收承付结算每笔的金额起点为 1 万元。 （ ）

7. 商业汇票是出票人签发的。 （ ）

8. 申领信用卡的对象是个人。 （ ）

9. 网上银行不只是"虚拟银行"。 （ ）

10. 企业网上银行主要针对企业与政府部门等企事业客户。 （ ）

四、业务训练

1. WXR 公司 2022 年 2 月份发生如下经济业务（不考虑相关税费）：

(1) 3 日将库存现金 20 000 元送存银行；

(2) 7 日收到国家追加投入资本金 200 000 元，存入银行；

(3) 9 日向甲公司购入原材料 30 000 元，货款通过银行支付；

(4) 15 日向天池厂销售产品 50 000 元，货款已通过银行收取；

(5) 18 日用银行存款 8 000 元购入办公用品；

(6) 20 日以银行存款支付管理人员小张出差预借差旅费 2 800 元；

(7) 23 日向银行借入短期借款 60 000 元，存入银行；

(8) 25 日用银行存款购入固定资产，价值 40 000 元；

(9) 27 日向天山厂销售产品 10 000 元，货款收到存入银行。

要求：根据上述资料编制会计分录，登记银行存款日记账。

2. WXR 公司 2022 年 3 月份发生下列经济业务（不考虑相关税费）：

(1) 4 日向南方厂购入材料 90 000 元，60 000 元已通过银行支付，其余尚欠；

(2) 5 日用银行存款 3 600 元支付办公费，其中厂部 2 000 元，车间 1 600 元；

(3) 9 日报销厂办人员差旅费 1 380 元，用银行存款支付；

(4) 13 日向银行取得借款 850 000 元，存入银行，其中长期借款 500 000 元，短期借款 350 000 元；

(5) 15 日向新胜厂销售产品 126 000 元，货款 100 000 元已收到存入银行，其余对方尚欠；

(6) 18 日向北方厂销售产品 35 000 元，货款 35 000 元通过银行已收妥；

(7) 20 日用银行存款归还到期的长期借款 200 000 元、短期借款 50 000 元。

要求：根据上述资料编制会计分录，登记银行存款日记账。

项目五　出纳报表编制与应用

学习目标

★ 了解库存现金清查的方法及程序；
★ 理解未达账项的概念及种类，出纳报告单的编制要求；
★ 掌握库存现金盘点报告表、银行存款余额调节表、出纳报告单的编制。

案例导入

2021年7月10日下午5时下班前，贵州聚贤启航企业管理有限公司财务部对出纳人员文贞保管的库存现金进行了清查盘点，发现出纳人员的现金实有数比现金日记账的账面余额多2 580元。现金盘点报告表应如何编制呢？你会编制吗？

思维导图

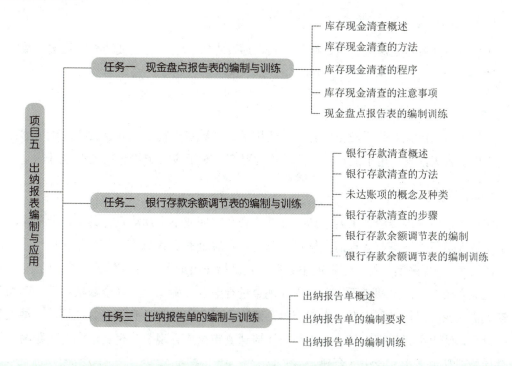

```
项目五
出纳报表编制与应用
├─ 任务一　现金盘点报告表的编制与训练
│   ├─ 库存现金清查概述
│   ├─ 库存现金清查的方法
│   ├─ 库存现金清查的程序
│   ├─ 库存现金清查的注意事项
│   └─ 现金盘点报告表的编制训练
├─ 任务二　银行存款余额调节表的编制与训练
│   ├─ 银行存款清查概述
│   ├─ 银行存款清查的方法
│   ├─ 未达账项的概念及种类
│   ├─ 银行存款清查的步骤
│   ├─ 银行存款余额调节表的编制
│   └─ 银行存款余额调节表的编制训练
└─ 任务三　出纳报告单的编制与训练
    ├─ 出纳报告单概述
    ├─ 出纳报告单的编制要求
    └─ 出纳报告单的编制训练
```

任务一　现金盘点报告表的编制与训练

一、库存现金清查概述

库存现金清查，是指对企业的库存现金采用实地盘点的方法确定其实存数额，再与现金日记账的账面余额进行核对，确定账存数额与实存数额是否相符的清查。库存现金是企业流动性最强的资产，应当加强对库存现金的管理与清查，确保库存现金的安全完整。

库存现金清查的目的是为确保现金的安全。企业除了实行钱账分管制度外，还要求出纳人员应当在每日和每月终了时根据日记账的合计数结出库存现金余额，并与库存现金实有数核对，这一会计过程就是库存现金清查。库存现金清查的内容主要包括检查企业内部是否存在白条顶库的行为，检查企业是否存在超过规定范围的留存现金，检查企业是否存在坐支现金的情况等。通过对库存现金进行盘点和核对，有利于确保企业实现账实相符，加强对企业现金的监督水平，从而一定程度上提高企业现金的利用效率。

二、库存现金清查的方法

实务中，企业库存现金清查采用的技术方法是实地盘点法。

（一）实地盘点法的概念

实地盘点法就是运用度、量、衡等工具，通过点数，逐一确定被清查实物实有数的一种方法。

（二）实地盘点法的优缺点

实地盘点法的优点是适应范围较广，适用于大多数财产物资，并且数字准确可靠；缺点是工作量较大，只适用于能直接查清数量的财产，对于应收账款等项目不适用。

（三）清查方法

实务中，库存现金清查主要包括经常性清查和定期或不定期清查。其中，经常性清查是指出纳人员每天下班前认真清点核对，确定库存现金的实有数额，并与现金日记账的账面余额核对，确保账实相符。定期或不定期清查是指在出纳人员对库存现金清查的基础上，由企业成立清查小组定期或不定期对库存现金进行清查，确保库存现金账实相符，确保现金管理依法执行。在进行库存现金清查时，清查小组和出纳人员必须同时在场，出纳人员负责盘点，清查小组负责监督，清查小组还应认真审核库存现金收付凭证和有关账簿，检查会计处理是否真实、合法、合理。

定期或不定期清查的具体流程如下：

(1) 成立清查组织。库存现金清查组织由企业有关领导和会计人员组成，他们定期或不定期地对库存现金情况进行清查盘点。

(2) 明确清查范围。在定期或不定期清查中，主要清查库存现金的账实是否相符，有无白条抵库、私借公款、挪用公款、账外资金等违纪违法行为。

(3) 确定清查时间段。组织对库存现金进行盘点的时间应当控制在一天业务开始之前或一天业务结束之后。

(4) 确定清查要求。出纳人员将截止时点前的现金收付业务全部登记入现金日记账，并结出账面余额。在清查中，出纳人员应当始终在场，并给予积极配合。

(5) 编制盘点表。清查结束后，出纳应当及时填制库存现金盘点报告表 (见表 5-1)。

表 5-1　库存现金盘点报告表

库存现金实际盘点情况			账面核对情况	
货币面额	数量	金额 / 元	项　　目	金额 / 元
			基准日库存现金账面金额	
			加：基准日至盘点日的现金收入	
			减：基准日至盘点日的现金支出	
实点现金合计			调整后现金余额	
盘盈金额			盘亏金额	
盘点结果及要点报告：				

会计主管人员：　　　　　　　　监盘人：　　　　　　　　出纳员：

三、库存现金清查的程序

实务中，对库存现金的清查包括以下程序：

(1) 对库存现金实有数进行盘点。

(2) 由出纳人员将已办妥现金收付手续的收付款凭证登入现金日记账，并结出现金结余额；然后将盘点数与现金日记账的余额进行核对，看是否相符。

(3) 根据清查结果编制库存现金盘点报告表 (见表 5-1)，可以分币种、面值进行编制。

(4) 向单位有关负责人上报清查结果，如有差异，应查明原因，按单位有关负责人批准的意见做出记录或适当调整。

(5) 将调整后的库存现金盘点报告表传递给记账人员及时编制记账凭证登记入账。

(6) 根据审核无误的记账凭证登记现金日记账。

四、库存现金清查的注意事项

实务中，在对库存现金清查时应当注意以下事项：

(1) 盘点时，必须要求现金出纳人员始终在场。

(2) 对于盘点中发现的充抵库存现金的借条，未作报销的收据和发票，要在"库存现金盘点表"中加以说明。

(3) 对超限额保管的现金，应建议及时送存银行。

(4) 对出现的长、短款问题，应查明原因和责任，决不能因为是长款而放松审查。

(5) 对尚未入账的符合财务制度规定的收、付凭证，应按规定及时入账，以保证会计信息的真实准确。

(6) 对不符合财务制度规定的借条，应当要求其限期追回款项。对白条开支，应当说明原因，并要求其换取正式票据。

(7) 对于存放在不同地点的库存现金，应将全部现金打上封条，并同时盘点，以避免将已盘点的现金转移为未盘点现金。

五、现金盘点报告表的编制训练

【例 5-1】 2021 年 7 月 10 日下午 5 时下班前，贵州聚贤启航企业管理有限公司财务部对出纳人员文贞保管的库存现金进行了清查盘点，发现出纳人员的现金实有数比现金日记账的账面余额多 2 580 元。

贵州聚贤启航企业管理有限公司 2021 年 7 月 9 日的账面库存现金余额为 6 832 元，7 月 10 日发生的现金收支全部未登记入账，其中收入金额为 5 580 元，支出金额为 2 000 元。清查人员于当日下午 5 时对公司库存现金进行盘点，发现以下事项：

(1) 保险柜里现金盘点实有数为 5 108.70 元 (50 张 100 元，2 张 50 元，8 张 1 元，1 张 5 角，1 张 2 角)，另有单独包装的未领工资 1 480 元 (10 张 100 元，8 张 50 元，8 张 10 元) 没有包括在盘点实有数内。

(2) 下列凭证已付款但尚未制证入账：

① 职工王玉林 6 月 28 日借差旅费 643.3 元，已经领导批准；

② 职工贺小珍 7 月 3 日借款 600 元，待经批准，但未说明用途。

(3) 公司销售部送来当天销售货款 2 580 元 (25 张 100 元，8 张 10 元)，附发票副本 16 张，未送存银行，未包括在盘点实有数内，也没有入账，放在出纳的办公桌抽屉里。

(4) 现金溢余部分作为公司利得处理。

除以上事项外未发现其他问题。

要求：根据上述资料编制库存现金盘点报告表。

根据题意计算分析如表 5-2 所示。

表 5-2　库存现金盘点报告表

盘点基准日：2021 年 7 月 9 日　　　　　　　　编制：贵州聚贤启航企业管理有限公司
实际盘点日：2021 年 7 月 10 日　　　　　　　复核：徐敏

库存现金实际盘点情况			账目核对情况	
货币面额	数量 / 张	金额 / 元	项　目	金额 / 元
壹佰元	85	8 500	基准日库存现金账面余额	6 832
伍拾元	10	500	加：基准日至盘点日的现金收入	5 580
拾元	16	160		
壹元	8	8		
伍角	1	0.5	减：基准日至盘点日的现金支出	2 000
贰角	1	0.2		
实点现金合计		9 168.7	调整后现金余额	10 412
盘盈金额			盘亏金额	1 243.3
盘点结果及要点报告：盘点日应有与实有有差距是因为 6 月 28 日王玉林预借差旅费 643.3 元和 7 月 3 日贺小珍的借款 600 元属于白条抵库，未及时制证登记入账				

　　　　　　　　　　　　　　　　　　　　　　　　　　　　　　　金额单位：元

会计主管人员：徐敏　　　　　　　　监盘人：韦序　　　　　　　　出纳员：文贞

 ## 任务二　银行存款余额调节表的编制与训练

一、银行存款清查概述

　　银行存款清查，是指企业财务人员通过银行存款日记账与开户银行的对账单进行核对，查明银行存款的实有数额与银行存款日记账记录是否相符。银行存款日记账的余额与开户银行的对账单的余额一般是相同的，如果出现银行存款日记账与开户银行的对账单余额不相同，其原因有两个方面：一是企业与开户银行之间双方或一方存在记账错误，二是企业与开户银行之间存在未达账项。

二、银行存款清查的方法

　　银行存款清查采用与开户银行核对账目的方法，即将开户银行定期（按月）送来的对账单与本单位的银行存款日记账逐笔进行核对，以查明银行存款的实有数额。

　　实务中，对银行存款清查时，要将企业的银行存款日记账与开户银行的对账单逐笔核对，以查明账实是否相符。如果在核对中发现属于企业方面的记账错误，应当按照程序办理更正；属于开户银行的记账错误，应当通知开户银行更正。如果不存在错账，则企业的银行存款日记账余额与开户银行对账单余额不相同，一般是因为未达账项引起的。

为消除未达账项的影响，企业应根据核对后发现的未达账项，编制银行存款余额调节表。

值得注意的是，由于未达账项不是错账、漏账，因此，无须根据调节表做任何账务处理，双方账面仍保持原有的余额，待收到有关凭证之后（即由未达账项变成已达账项），再同正常业务一样进行处理。

三、未达账项的概念及种类

（一）未达账项的概念

所谓未达账项，是指企业与银行之间由于凭证传递上的时间差导致企业与开户银行之间一方已登记入账，另一方尚未登记入账的款项。

（二）未达账项的种类

(1) 企业已收款记账、银行未收款未记账的款项。例如，企业已将收到的购货单位开出的转账支票送存银行并且入账，但因银行尚未办妥转账收款手续而没有入账。这样会使银行存款日记账余额大于银行对账单余额。

(2) 企业已付款记账、银行未付款未记账的款项。例如，企业开出的转账支票已经入账，但是因收款单位尚未到银行办理转账手续或银行尚未办妥转账付款手续而没有入账。这样会使银行存款日记账余额小于银行对账单余额。

(3) 银行已收款记账、企业未收款未记账的款项。例如，企业委托银行代收的款项，银行已经办妥收款手续并且入账，但是因收款通知尚未到达企业而使企业没有入账。这样会使银行存款日记账余额小于银行对账单余额。

(4) 银行已付款记账、企业未付款未记账的款项。例如，企业应付给银行的借款利息，银行已经办妥付款手续并且入账，但是因付款通知尚未到达企业而使企业没有入账。这样会使银行存款日记账余额大于银行对账单余额。

上述任何一种未达账项的存在都会使企业银行存款日记账与银行开出的对账单的余额不一致。所以，在与银行对账时首先应查明是否存在未达账项。如果存在未达账项，就应编制银行存款余额调节表，据以确定企业银行存款实有数额。

四、银行存款清查的步骤

实务中，银行存款的清查按以下步骤进行：

(1) 将本单位银行存款日记账与银行对账单，以结算凭证的种类、号码和金额为依据，逐日逐笔核对。凡双方都有记录的，用铅笔在金额旁打上记号"√"。

(2) 找出未达账项（即银行存款日记账和银行对账单中没有打"√"的款项）。

(3) 将日记账和对账单的月末余额及找出的未达账项填入银行存款余额调节表，并计算出调整后的余额。

(4)将调整平衡的银行存款余额调节表，经主管会计签章后，呈报开户银行。

五、银行存款余额调节表的编制

银行存款余额调节表的编制方法：在双方余额的基础上，分别加上应收的未达账项，减去应付的未达账项，计算出调节后余额。调节后的双方余额应相等，如果不相等，表明账面记录有误，需要进一步核对账目，查找原因并更正。其计算公式如下：

$$企业银行存款日记账余额+银行已收企业未收款-银行已付企业未付款$$
$$=银行对账单存款余额+企业已收银行未收款-企业已付银行未付款$$

银行存款余额调节表见表 5-3。

表 5-3　银行存款余额调节表

单位名称：　　　　　　　　　　年　　月　　日　　　　　　　　　　银行账号：

项目及经济业务内容	支票号	业务发生时间	金额/元	项目及经济业务内容	凭证号	支票号	业务发生时间	金额/元
企业银行存款日记账余额				银行对账单余额				
加：企业未收银行已收			—	加：银行未收企业已收				—
小计				小计				
减：企业未付银行已付			—	减：银行未付企业已付				—
小计				小计				
调后余额				调后余额				

财务主管：　　　　　　　审核人：　　　　　　　出纳：　　　　　　　制表人：

值得注意的是，银行存款余额调节表只是为了核对账目，不属于原始凭证，不得用于调整银行存款账面余额。只有等实际结算凭证到达后，才能进行调整。

六、银行存款余额调节表的编制训练

【例 5-2】 2021 年 6 月 30 日，WXR 公司的银行存款日记账与开户银行对账单记录如下：

(1) WXR 公司银行存款日记账的记录见表 5-4。

表 5-4　银行存款日记账

日期	摘　　要	金额 / 元
6 月 1 日	期初余额	40 000
6 月 15 日	收到 A 公司货款存入银行转账支票尾号 111	50 000
6 月 18 日	支付购买 C 材料款转账支票尾号 668	20 000
6 月 20 日	支付材料运输费转账支票尾号 669	2 000
6 月 28 日	收到 A 公司货款存入银行转账支票尾号 888	30 000
	月末余额	98 000

(2) 开户银行对账单的记录见表 5-5。

表 5-5　银行对账单

日期	摘　　要	金额 / 元
6 月 1 日	期初余额	40 000
6 月 15 日	存入转账支票尾号 111	50 000
6 月 18 日	支付货款转账支票尾号 668	20 000
6 月 25 日	代支付短期借款利息	8 000
6 月 29 日	代收 L 公司支付的货款	35 000
	月末余额	97 000

要求：根据上述资料完成银行存款余额调节表的编制。

根据题意进行计算分析，编制的银行存款余额调节表见表 5-6。

表 5-6　银行存款余额调节表

编制企业：WXR 公司　　　　　　　　　　　　　　　　　　　　　　　　　　　　2021 年 6 月 30 日

项　目	金额 / 元	项　目	金额 / 元
企业银行存款日记账余额	98 000	银行对账单余额	97 000
加：银行已收企业未收	35 000	加：企业已收银行未收	30 000
减：银行已付企业未付	8 000	减：企业已付银行未付	2 000
调节后余额	125 000	调节后余额	125 000

任务三　出纳报告单的编制与训练

一、出纳报告单概述

（一）出纳报告单的概念

出纳报告单是由出纳人员编制的用于反映库存现金、银行存款和有价证券的收入、支出、结存情况的单据。实务中，出纳人员编制的出纳报告单需要与总账会计核对期末余额，属于单位内部使用的自制单据。

（二）出纳报告单的格式

出纳记账之后，应根据现金日记账、银行存款日记账、有价证券明细账等核算资料，定期编制出纳报告单，以便及时报告本企业一定时期现金、银行存款和有价证券等的收支和结存情况，并据以与总账会计核对期末余额，确保企业相关负责人及时掌握本单位的资金使用及结余情况。出纳报告单的格式有多种，出纳人员应根据本单位内部管理的要求设计符合自身实际情况的出纳报告单 (见表 5-7、表 5-8)。

表 5-7　出纳报告单

单位名称　　　　　　　年　　月　　日至　　年　　月　　日　　　　　　　　编号：

项目	库存现金 / 元	银行存款 / 元	有价证券 / 元	备注
上期结存				
本期收入				
合计				
本期支出				
本期结存				

财务主管：　　　　　　审核人：　　　　　　出纳：　　　　　　制单人：

表 5-8　出纳报告单

单位：　　　　　　　年　　月　　日至　　年　　月　　日

项目	现金 / 元	单据	张	项目	银行存款 / 元	单据	张
上期结存		收据		上期结存			
本期收入		收据		本期收入		进账单	
提取现金				送存现金		收据	
收入合计				收入合计		解款单	
本期支出		发票		本期支出			
送存现金				提取现金		转账单	

续表

项目	现金 / 元	单据	张	项目	银行存款 / 元	单据	张
支出合计				支出合计		支票存根	
本期结存				本期结存			
大写							
本期领收据		作废收据		期末收据		收支总票据	

财务主管：　　　　　　审核人：　　　　　　出纳：　　　　　　制单人：

二、出纳报告单的编制要求

实务中，出纳人员编制出纳报告单有以下要求：

(1) 出纳报告单的报告期可与本单位总账会计汇总记账的周期相一致，如果本单位总账 10 天汇总一次，则出纳报告单 10 天编制一次。

(2) 上期结存是指报告期前一期期末结存数字，即本期报告期前一天的账面结存金额，也是上一期出纳报告单的本期结存。

(3) 本期收入按账面本期合计借方数字填列。

(4) 合计是上期结存与本期收入的合计数字。

(5) 本期支出按账面本期合计贷方数字填列。

(6) 本期结存是指本期期末账面结存数字。它等于"合计"减去"本期支出"。本期结存必须与账面实际结存一致。

注意：未经相关负责人批准，出纳人员不得随意泄露出纳报告单的内容，也不得隐瞒、篡改出纳报告单的内容。

三、出纳报告单的编制训练

【例 5-3】　贵州聚贤启航企业管理有限公司的总账每月 15 日汇总一次，请根据总账的汇总时间，编制该公司 2021 年 9 月 16 日至 9 月 30 日的出纳报告单。

账户名称及账号：

(1) 基本账户——农业银行贵阳中西支行尾号 38912；

(2) 一般账户——工商银行贵阳省新支行尾号 18612。

出纳人员文贞查找库存现金和银行存款出纳账簿中 2021 年 9 月 16 日至 9 月 30 日期间的数据明细资料，见表 5-9。

表 5-9　库存现金、银行存款账户明细资料

项目	上期金额 / 元	本期收入 / 元	本期支出 / 元	本期结余 / 元
库存现金	7 911.38	6 523.52	5 896.00	8 538.90
银行存款——农行 38912	56 231.56	78 956.81	24 136.35	111 052.02
银行存款——工行 18612	125 468.34	25 643.58	98 456.89	52 655.03

要求：编制出纳报告单。

下面根据题意进行分析。

出纳人员编制出纳报告单的步骤如下：

(1) 将上期余额填入出纳报告单。

(2) 将本期收入填入出纳报告单，并计算合计金额。

(3) 将本期支出填入出纳报告单，并计算期末余额。

(4) 计算出该公司的货币资金总计金额。

根据上述数据资料编制出纳报告单，如表 5-10 所示。

表 5-10　出纳报告单

单位名称：贵州聚贤启航企业管理有限公司　　　2021 年 9 月 16 日至 9 月 30 日　　　编号：09003

项目	库存现金	银行存款——农行 38912	银行存款——工行 18612	备注
上期结存				
本期收入				
合计				
本期支出				
本期结存				
合计	￥_____（大写）人民币：			

财务管理：徐敏　　　　审核人：韦序　　　　出纳：文贞　　　　制单人：

 ## 习题与实训

一、单项选择题

1. 企业对现金采用实地盘点法进行清查，对于清查的结果应当编制（　　）。

A. 往来款项对账单　　　　　　B. 银行存款余额调节表

C. 现金盘点报告单　　　　　　D. 实存账存对比表

2. 进行现金清查时，在盘点结束后应根据盘点实际数填写（　　）。

A. 盘存单　　　　　　　　　　B. 实存账存对比表

C. 现金盘点报告表　　　　　　D. 对账单

3. 库存现金盘点报告表应由（　　）同时签章方能生效。

A. 参加盘点的人员和实物保管人员

B. 参加盘点的人员和出纳人员

C. 参加盘点的人员和会计人员

D. 参加盘点的人员和财产清查负责人

4. 某企业出现现金短缺,经查是由出纳保管不善造成的,则经批准后应计入( )科目。

A. 管理费用　　　　　　　　　　B. 其他应收款

C. 其他应付款　　　　　　　　　D. 营业外支出

5. 下列项目中,属于银行存款余额调节表核对账目的是( )。

A. 企业账目　　　　　　　　　　B. 个人账目

C. 政府账目　　　　　　　　　　D. 个体工商户账目

6. 下列项目中,不属于银行存款余额调节表的调节项目的是( )。

A. 对方未收　　　　　　　　　　B. 本单位未收

C. 对方已付　　　　　　　　　　D. 本单位已付

7. 下列项目中,关于银行存款余额调节表的说法正确的是( )。

A. 银行存款余额调节表由银行在期初寄给企业

B. 银行存款余额调节表的主要目的仅在于核对银行存款科目、企业账目与银行账目的差异

C. 调节后的余额一般认为是该企业对账日银行实际可用的存款数额

D. 银行存款余额调节表是一种凭证

8. 下列项目中,不属于出纳报告单的内容的是( )。

A. 日期　　　　　　　　　　　　B. 期初余额

C. 本期收入和支出　　　　　　　D. 期末余额

9. 下列项目中,关于编制出纳报告单的注意事项,说法错误的是( )。

A. 编制要及时　　　　　　　　　B. 账表内容必须一致

C. 项目填写要求准确　　　　　　D. 报送范围和程序不用确定

10. 下列项目中,关于出纳报告单编制时间,说法正确的是( )。

A. 与本单位总账会计汇总记账的周期相一致

B. 10 天编制一次

C. 一个月编制一次

D. 半年编制一次

二、多项选择题

1. 下列项目中,属于盘点库存现金需要核对的事项的有( )。

A. 将库存现金的数额和现金日记账账面余额进行核对

B. 做到制度规定的日清月结

C. 保证库存现金真实、完整、不受损失

D. 登记现金盘点表

2. 下列各项中,( )会导致企业银行存款日记账账面余额小于银行对账单余额。

A. 企业已收银行未收款　　　　　B. 企业已付银行未付款

C. 银行已收企业未收款　　　　　D. 银行已付企业未付款

3. 下列项目中，(　　) 不属于库存现金盘点报告表中的备注。

A. 账实相符　　　　　　　　　B. 账账相符

C. 账证相符　　　　　　　　　D. 盘亏或者盘盈

4. 库存现金盘亏的账务处理中可能涉及的科目有 (　　)。

A. 库存现金　　　　　　　　　B. 管理费用

C. 其他应收款　　　　　　　　D. 营业外支出

5. 下列项目中，(　　) 属于银行存款余额调节表的编制步骤。

A. 企业账面存款余额 = 企业账面银行存款余额 − 银行已付而企业未付账项 + 银行已收而企业未收账项

B. 银行对账单调节后的存款余额 = 银行对账单存款余额 − 企业已付而银行未付账项 + 企业已收而银行未收账项

C. 银行对账单存款余额 + 企业已收而银行未收账项 − 企业已付而银行未付账项 = 企业账面银行存款余额 + 银行已收而企业未收账项 − 银行已付而企业未付账项

D. 通过核对调节，银行存款余额调节表上的双方余额相等，一般可以说明双方记账没有差错

6. 下列项目中，关于银行存款的清查说法正确的有 (　　)。

A. 不需要根据银行存款余额调节表作任何账务处理

B. 对于未达账项，等以后有关原始凭证到达后再作账务处理

C. 如果调整之后双方的余额不相等，则说明银行或企业记账有误

D. 对于未达账项，需要根据银行存款余额调节表作账务处理

7. 下列项目中，属于银行存款余额调节表编制要点的有 (　　)。

A. 在余额调节表中分别录入银行存款账面余额和银行对账单余额

B. 核对会计账上的银行存款科目明细与银行对账单流水明细，并逐笔勾选

C. 对未勾选的，仔细检查是否存在合并记账，如存在，不必勾选对应的银行账单上的流水明细

D. 经过勾选后仍存在未勾选上的，分别填写为银行已付单位未付、银行已收单位未收、银行未付企业已付、银行未收企业已收

8. 下列项目中，关于银行存款余额调节表的说法错误的有 (　　)。

A. 能起到核对账目的作用　　　B. 不得用于调整银行存款账面余额

C. 属于原始凭证　　　　　　　D. 可用于调整银行存款账面余额

9. 下列项目中，(　　) 属于出纳报告单的编制依据。

A. 现金日记账　　　　　　　　B. 银行存款日记账

C. 银行对账单　　　　　　　　D. 银行余额调节表

10. 下列项目中，(　　) 属于出纳报告单编制时要注意的事项。

A. 出纳报告单的报告期不与本单位总账会计汇总记账的周期相一致

B. 本期收入按账面本期合计借方数字填列

C. 合计是上期结存与上期收入的合计数字

D. 本期支出按账面本期合计贷方数字填列

三、判断题

1. 现金盘点报告表不可以作为原始凭证进行账务处理。　　　　　　（　　）

2. 不必根据现金盘点报告表进行账务处理。　　　　　　　　　　　（　　）

3. 银行存款余额调节表不是一种凭证。　　　　　　　　　　　　　（　　）

4. 银行存款余额调节表可用于核对银行对账单余额与企业账面余额。（　　）

5. 银行存款余额调节表如果余额相等，那一定没有错误。　　　　　（　　）

6. 银行存款余额调节表是由银行编制的。　　　　　　　　　　　　（　　）

7. 调节后的余额不是企业银行存款日记账的余额，是银行对账单的余额。（　　）

8. 出纳报告单不与总账会计核对期末余额。　　　　　　　　　　　（　　）

9. 本期结存是指本期期末账面结存数字。　　　　　　　　　　　　（　　）

10. 出纳报告单以总账为基础填制。　　　　　　　　　　　　　　　（　　）

四、业务训练

WXR 公司 2021 年 12 月 31 日银行存款日记账余额为 191 000 元，而银行送来的对账单余额为 230 000 元，经逐笔核对，发现有以下未达账项：

(1) 企业委托银行代收甲公司的货款 54 000 元，月末银行已收讫入账，但企业尚未取得收款通知。

(2) 企业有一笔购货款 25 000 元，承付期已到，且未表示拒付，银行已于承付期满后从企业存款户中付出，但企业尚未入账。

(3) 企业月末存入银行转账支票一张，金额 36 000 元，银行尚未转账。

(4) 企业已于月末开出转账支票一张，金额 46 000 元，企业已经付账，银行尚未入账。

要求：根据上述资料编制银行存款余额调节表（见表 5-11）。

表 5-11　银行存款余额调节表

编制企业：　　　　　　　　　　　　　年　　月　　日

项目	金额 / 元	项目	金额 / 元
企业银行存款日记账余额		银行对账单余额	
加：银行已收企业未收		加：企业已收银行未收	
减：银行已付企业未付		减：企业已付银行未付	
调节后余额		调节后余额	

项目六　出纳工作交接与应用

▼ 学习目标

★ 了解出纳工作交接的概念、原因及主要内容；
★ 理解出纳工作交接的责任，交接前应做的准备工作；
★ 掌握出纳交接工作的具体阶段任务，出纳移交清册的编制。

▼ 案例导入

2021 年 11 月，出纳人员文贞向单位申请到国外留学两年，财务处负责人经与单位负责人协商同意后，财务处决定由韦玉来担任出纳工作。那么，文贞和韦玉应如何办理出纳交接工作呢？交接工作由谁监交呢？你知道该如何办理交接工作吗？

▼ 思维导图

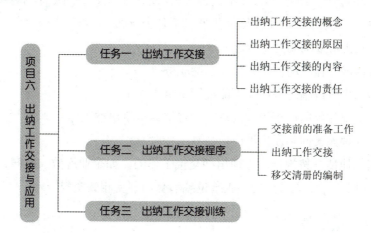

任务一　出纳工作交接

一、出纳工作交接的概念

出纳工作交接是指出纳人员因工作调动或因故离职等原因，由离任出纳人员将有关工作和资料移交给后任出纳人员的工作过程。

出纳工作交接要做到两点：一是移交人员与接管人员要办清手续；二是交接过程中要有专人负责监交。《会计法》第四十一条规定："会计人员调动工作或者离职，必须与接管人员办清交接手续。一般会计人员办理交接手续，由会计机构负责人（会计主管人员）监交；会计机构负责人（会计主管人员）办理交接手续，由单位负责人监交，必要时主管单位可以派人会同监交。"出纳交接要按照会计人员交接的要求进行。出纳人员调动工作或者离职时，与接管人员办清交接手续，是出纳人员应尽的职责，也是分清移交人员与接管人员责任的重大措施。办好交接工作，可以使出纳工作前后衔接，可以防止出现账目不清、财务混乱的现象。

二、出纳工作交接的原因

我国《会计基础工作规范》第二十五条规定："会计人员工作调动或者因故离职，必须将本人所经管的会计工作全部移交给接替人员，没有办清交接手续的，不得调动或离职。"

出纳人员办理交接手续的主要原因包括以下几个方面：

(1) 出纳人员因辞职而离开单位。

(2) 因企业内部工作变动，不再担任出纳职务。

(3) 因病假、事假或临时调用，不能继续从事出纳工作。

(4) 因特殊情况如停职审查等，按规定不宜继续从事出纳工作。

(5) 上述被代理人员回到原出纳岗位恢复工作时。

(6) 企业因其他情况按规定应办理出纳交接工作的，如企业解散、破产、兼并、合并、分立等情况发生时，出纳人员应向接收单位或清算组移交相关资料。

三、出纳工作交接的内容

不同单位由于企业规模大小、会计人员数量不同，出纳人员的具体分工和负责的业务会有所不同，出纳工作交接的具体内容也会有所不同。实务中，出纳工作交接主要包括以下几个方面的内容：

(1) 对于库存现金（现钞、金银珠宝等）、有价证券（证券、股票、商业汇票等）、其他贵重物品，要根据会计账簿的有关记录逐一点交。

(2) 移交支票 (空白现金支票、作废现金支票、转账支票等)、发票 (空白发票、已用或作废发票存根联或作废发票其他联等)、印章 (财务专用章、银行预留印鉴、印章和印鉴卡片以及"现金收讫""现金付讫""银行收讫""银行付讫"等业务印鉴),接交人要认真清点。

(3) 支票、发票的号码必须是相连的,交接时要注意清点。

(4) 出纳凭证 (原始凭证、记账凭证)、收款收据 (空白收据、已用或作废收据存根联或作废收据其他联)、支票簿,接收时要查看清楚,并妥善保管。

(5) 出纳账簿 (现金日记账、银行存款日记账等) 移交时,接交人应核对账账、账实是否相符、完整。

(6) 其他有关会计资料 (出纳报告单,银行对账单,应由出纳人员保管的合同、协议等),有关会计文件、会计用品移交时,应列出清单,认真记载。

(7) 企业证件,主要包括企业的营业执照正本、副本,银行开户许可证,发票领购簿,地税通卡等。

(8) 银行存款账户要与银行对账单核对,并编制银行存款余额调节表。

(9) 移交人应将保险柜密码、钥匙、办公室钥匙、办公桌钥匙、门卡等移交给接交人。交接后接交人应立即更换密码及有关的锁具。

另外,对于实行会计电算化的单位,其出纳工作交接还应当包括以下几个方面的内容:
(1) 会计软件及与会计软件有关的密码或口令。
(2) 存储会计数据的介质 (如磁带、磁盘、光盘、微缩胶片等)。
(3) 有关电算化的其他资料、实物等。

实务中,对出纳账簿等会计档案进行交接时,除了将当年档案移交外,如有以前年度尚未销毁的会计档案也应全部移交。对需移交的遗留问题,移交人应写出书面材料,或在移交说明书上详细说明。

四、出纳工作交接的责任

出纳工作交接结束后,在交接前后各期的工作责任由当时的经办人各负其责,即移交人对自己经办的已办理移交的资料负完全责任,不得以资料已经移交为借口推脱责任;接收人应认真接管移交的工作,继续办理未了事项。接收人应继续使用移交后的账簿资料,保持会计记录的连续性,不得另立账簿或擅自销毁移交资料。

 任务二　出纳工作交接程序

一、交接前的准备工作

1. 接交人员准备工作

实务中,在出纳工作交接前,接交人员应当做好接交准备工作,熟悉出纳业务,掌握出纳工作技能，准备好相关的印鉴，充分做好接交前的准备工作。

2.移交人员准备工作

实务中，移交人员应当做好以下准备工作：

(1) 将出纳账簿登记完毕，并在最后一笔余额后加盖相关人员的印章。

(2) 出纳日记账与现金、银行存款总账核对相符，现金账面余额与实际库存现金核对一致，银行存款账面余额与银行对账单核对无误。

(3) 在出纳账启用表上填写移交日期，并加盖相关人员的印章。

(4) 整理应移交的各种资料，对未了事项要写出书面说明。

(5) 编制移交清册，填明移交的账簿、凭证、现金、有价证券、支票簿、文件资料、印鉴和其他物品的具体名称和数目。移交清册一般一式三份，交接双方各执一份，存档一份。

二、出纳工作交接

1.监交

为了保证交接工作顺利进行，防止交接过程中出现违法行为，明确责任人员与接管人员的责任，会计工作交接必须有监交人员负责监交。一般会计人员办理交接手续，由单位会计机构负责人或者会计主管人员负责监交。会计机构负责人或会计主管人员办理交接手续，由单位负责人负责监交，必要时由上级主管部门派人会同监交。

2.移交

出纳人员的离职交接，必须在规定的期限内向接交人员移交清楚。移交人员在办理交接时应根据移交清册内容逐项移交，移交时必须交好工作、交好经验；接交人员应认真按移交清册当面点收，接交时认真仔细、积极听取移交人员的建议和经验。移交的内容具体包括以下几个方面：

(1) 库存现金、有价证券、贵重物品要根据会计账簿有关记录由移交人员向接交人员逐一点交，库存现金、有价证券、贵重物品必须与会计账簿记录保持一致，如有不符，移交人员必须在限期内查清。

(2) 银行存款账户余额要与银行对账单核对，在核对时如发现疑问，移交人员和接交人员应一起到开户银行当场复核核对，并编制银行存款余额调节表。

(3) 在银行存款账户余额与银行对账单余额核对相符的条件下，移交有关票据、票证及印章，同时由接交人员更换预留在银行的印鉴章。

(4) 出纳账簿移交时，接交人员应核对账账、账实是否相符，即现金日记账、银行存款日记账、有价证券明细账要与现金、银行存款和有价证券总账核对相符；各种财产物资和债权债务的明细账户余额要与总账有关账户余额核对相符。实行会计电算化的单位，应先将账页打印出来，装订成册，书面移交，对有关电子数据要在实际操作状态下进行交接。

(5) 出纳凭证、出纳账簿和其他会计核算资料必须完整无缺，如有短缺，必须查清原因，并在移交清册中注明，由移交人员负责。

(6) 工作计划移交时，为了方便接交人员开展工作，移交人员应向接交人员介绍工作计划执行情况以及今后在执行过程中应注意的问题。

(7) 移交人员应将保险柜密码、钥匙、办公桌和办公室钥匙逐一移交给接交人员，接交人员在接交完毕后，应立即更换保险柜密码及有关锁具。

3. 交接结束

交接完毕后，交接双方和监交人员要在移交清册上签名或盖章。移交清册必须具备单位名称、交接日期、交接双方和监交人员的职务及姓名，以及移交清册页数、份数和其他需要说明的问题和意见。

三、移交清册的编制

编制移交清册包括编制移交表和出纳人员工作交接书两部分。移交表有库存现金移交表，银行存款移交表，有价证券、贵重物品移交表，核算资料移交表，物品移交表等。

（一）库存现金移交表

库存现金应根据现金实有数额，按币种 (分为人民币和外币)、面值分别填入库存现金移交表，见表 6-1。

表 6-1　库存现金移交表

币种：人民币　　　　　　　　　　移交日期：　　年　　月　　日

序号	面值	数量	移交金额 / 元	接受金额 / 元	备注
1	100 元				
2	50 元				
3	20 元				
4	10 元				
5	5 元				
6	1 元				
7	5 角				
8	1 角				
合计					

单位负责人：　　　　　　移交人：　　　　　　监交人：　　　　　　接管人：

（二）银行存款移交表

银行存款应根据开户银行、币种、账面数、实有数等分别填写银行存款移交表，见表 6-2。

表 6-2　银行存款移交表

移交日期：　　年　　月　　日

序号	开户银行	币种	账面数 / 元	实有数 / 元	备注
1					
2					
3					
...					
合计					

软件及说明：
(1) 银行存款余额调节表 (　　) 份；
(2) 银行印鉴卡片 (　　) 张；
(3) 账面数为银行存款日记账金额，实有数为银行对账单金额。

单位负责人：　　　　　　移交人：　　　　　　监交人：　　　　　　接管人：

（三）有价证券、贵重物品移交表

出纳人员应根据清理核对后的有价证券和贵重物品按品种 (名称)、购入日期、单位、数量、金额等分别登记有价证券、贵重物品移交表。其格式可以自行设计，参见表 6-3。

表 6-3　有价证券、贵重物品移交表

移交日期：　　年　　月　　日

序号	名称	购入日期	单位	数量	金额 / 元	备注
1	XX 股票					
2	XX 债券					
3	XX 基金					
4	XX 票据					
5	XX 贵重物品					
...						

单位负责人：　　　　　　移交人：　　　　　　监交人：　　　　　　接管人：

（四）核算资料移交表

核算资料包括出纳账簿、收据、借据、银行结算凭证、支票领用登记簿、其他文件资料等。核算资料移交表见表 6-4。

表 6-4　核算资料移交表

移交日期：　　年　　月　　日

序号	名称	年度	数量	起止时间	备注
1	收据				
2	现金支票				
3	转账支票				
4	现金日记账				
5	支票领用登记簿				
…					

单位负责人：　　　　　移交人：　　　　　监交人：　　　　　接管人：

（五）物品移交表

物品主要包括会计用品、会计工具等，出纳人员可以根据具体移交的物品编制物品移交表。其格式也可以自行设计，见表 6-5。

表 6-5　物品移交表

移交日期：　　年　　月　　日

序号	名称	购入日期	单位	数量	金额／元	备注
1	文件柜					
2	保险柜					
3	装订机					
4	验钞机					
5	支票密码器					
…						

单位负责人：　　　　　移交人：　　　　　监交人：　　　　　接管人：

（六）出纳人员工作交接书

出纳人员工作交接书是把移交表中无法列入或尚未列入的内容做具体说明的文件。其内容应包括交接双方及监交人员的职务、姓名，交接日期，移交的具体业务，移交的会计凭证、账簿、文件，及需要说明的相关问题及意见等，详见图 6-1。

出纳人员工作交接书

移交原出纳员 ××，因工作调动，财务处已决定将出纳工作移交给 ×× 接管。现办理如下交接：

一、交接日期

20×× 年 × 月 × 日

二、移交的具体业务

1. 库存现金：× 月 × 日账面余额 ××× 元，实存相符，月记账余额与总账相符。

2. 库存国库券：××× 元。经核对无误。

3. 银行存款余额 ××× 元。经编制"银行存款余额调节表"核对相符。

三、移交的会计凭证、账簿、文件

1. 本年度现金日记账一本。

2. 本年度银行存款日记账二本。

3. 空白现金支票 ×× 张 (×× 号至 ×× 号)。

4. 空白转账支票 ×× 张 (×× 号至 ×× 号)。

5. 托收承付登记簿一本。

6. 付款委托书一本。

7. 信汇登记簿一本。

8. 金库暂存物品明细表一份。与实物核对相符。

9. 银行对账单 1～11 月份 11 本，11 月份未达账项说明一份。

……

四、印鉴

1. ×× 公司财务处转讫印章一枚。

2. ×× 公司财务处现金收讫印章一枚。

3. ×× 公司财务处现金付讫印章一枚。

五、交接前后工作责任的划分：20×× 年 × 月 × 日前的出纳责任事项由 ×× 负责；20×× 年 × 月 × 日起的出纳工作由 ×× 负责。以上移交事项均经交接双方认定无误。

六、本交接书一式三份，双方各执一份，存档一份。

移交人：××(签名盖章)

接管人：××(签名盖章)

监交人：××(签名盖章)

×× 公司财务处 (公章)

20×× 年 × 月 × 日

图 6-1　出纳人员工作交接书

任务三　出纳工作交接训练

根据前面内容的学习，文贞和韦玉应如何办理出纳交接工作呢？下面就从文贞和韦玉的角度来办理出纳工作的交接。

任务内容

2021年11月20日，贵州聚贤启航企业管理有限公司原出纳人员文贞出国留学，财务处已决定将出纳工作移交给韦玉接管。

任务分析

出纳工作交接是保证出纳账目清晰、出纳工作连续进行以及分清责任的一项重要工作，要求按照规定认真进行账目核对、财产清点等工作。2021年11月20日，文贞与韦玉办理了出纳交接工作，过程如下：

(1) 在11月20日前，原出纳人员文贞将已经受理的出纳业务办理完毕，将尚未登记的账目登记完毕，并在最后一笔余额后签字；整理应该移交的各项资料，对未了事项写出书面材料；将需要交接的资料及物品进行了清理，并填列了移交清单，如表6-6所示。

表6-6　财产物资移交清单

序号	项目		单位	移交金额（数量）	备注
	名称	项目			
1	现金日记账		本	账面余额13 245元，与实际相符	
2	银行存款日记账	农业银行贵阳中西支行1037010105080038912	本	账面余额220 000元	编制银行存款金额调节表后，账实相符
3	银行存款日记账	工商银行贵阳省新支行2402002109000018612	本	账面余额35 600元	编制银行存款金额调节表后，账实相符
4	保险柜		个	1	
5	文件柜		个	2	
6	点钞机		台	1	
7	计算器		个	1	
8	财务专用章		枚	1	
9	现金收讫章		枚	1	
10	现金付讫章		枚	1	
11	支票领用登记簿		本	2	
12	空白转账支票		张	4	

续表

序号	项目		单位	移交金额（数量）	备注
	名称	项目			
13	空白现金支票		张	24	
14	作废支票		张	1	
15	银行汇票		张	1	11月15日收到贵州创意广告有限公司银行汇票
16	空白收据		本	3	
17	在用收据		本	1	已开到202100093
18	印鉴卡片		张	1	

移交人：文贞　　　　　　　　接管人：韦玉　　　　　　　　监交人：徐敏

(2) 11 月 20 日，在监交人徐敏的监督下，文贞按照移交清册所列项目将准备齐全的相关资料交给接替人韦玉，并由韦玉逐一清点、核对。

(3) 双方移交完毕并检查无误后，填写交接情况说明书，在交接情况说明书上填写时间并签名盖章。

要求：根据上述资料编制出纳人员工作交接书。

 习题与实训

一、单项选择题

1. 下列项目中，（　　）在出纳交接工作中不需要签字。

A. 交接人　　　　　　　　　　B. 接收人

C. 监交人　　　　　　　　　　D. 单位负责人

2. 下列项目中，关于出纳工作交接准备阶段需要做的准备，说法错误的是（　　）。

A. 将尚未登记的收、支业务登记完毕，并在最后一笔余额后加盖个人私章

B. 现金账面余额与实际库存现金核对一致，银行存款账面余额与银行对账单核对一致

C. 在库存现金日记账、银行存款日记账启用表上填写移交日期，并加盖个人私章

D. 整理应移交的各种资料，未了事项不必写书面说明

3. 下列项目中，关于编制出纳工作交接表时列明应移交的资料，说法错误的是（　　）。

A. 库存现金、银行存款

B. 作废等业务专用章可以不用交

C. 会计资料、账簿、文件

D. 各种票据、支票簿、各种文件资料和其他业务资料等

4. 下列项目中，不属于出纳工作交接时需要交的印鉴是（　　）。

A. 个人私章 　　　　　　　　B. 现金收讫章

C. 现金付讫章 　　　　　　　D. 业务专用章

5. 下列项目中，关于出纳工作交接时的出纳凭证，说法不正确的是（　　）。

A. 原始凭证 　　　　　　　　B. 记账凭证

C. 与现金、银行存款有关的凭证　D. 出纳账簿

6. 下列项目中，关于移交清册必须具备的事项，说法错误的是（　　）。

A. 单位负责人签名

B. 单位称号

C. 交接日期

D. 移交清册页数、份数和其他必须说明的问题和意见

7. 下列项目中，不属于实行会计电算化的单位出纳工作交接内容的是（　　）。

A. 会计软件的密码 　　　　　B. 磁带

C. 使用的机器 　　　　　　　D. 光盘

8. 下列项目中，关于出纳档案定期保管期限，说法错误的是（　　）。

A. 3 年 　　　　　　　　　　B. 5 年

C. 7 年 　　　　　　　　　　D. 10 年

9. 下列项目中，关于出纳档案的保管期限的起算时间，说法正确的是（　　）。

A. 档案移交之后的第二天算起

B. 会计年度终了的第一天算起

C. 会计年度终了的第三天算起

D. 档案移交之后的第五天算起

10. 下列项目中，不属于移交清册内容的是（　　）。

A. 库存现金移交表 　　　　　B. 银行存款移交表

C. 空白支票移交表 　　　　　D. 核算资料移交表

二、多项选择题

1. 下列项目中，属于需要进行出纳工作交接的有（　　）。

A. 离职 　　　　　　　　　　B. 调职

C. 长期请假 　　　　　　　　D. 短期请假

2. 下列项目中，关于做好出纳工作交接的注意事项说法正确的有（　　）。

A. 防止账目不清、账务混乱

B. 对于没有办理工作交接手续的，不得调动或离职

C. 可以离职随时走人，不必进行详细工作交接

D. 调职时不用管出纳账务

3. 下列项目中，属于出纳工作交接要求的有 (   )。

A. 进行财产清理，做到账账核对

B. 账款核对，交接清理后要填写出纳工作交接表

C. 将所有移交的票、款、物编制详细的工作交接表，按交接表向接交人点清

D. 账证核对

4. 下列项目中，属于出纳工作交接阶段需要注意事项的有 (   )。

A. 接交人按出纳工作交接表点收现金收付讫章、作废章、银行收付讫章及其他出纳资料等

B. 物品必需完整无缺，不得遗漏

C. 接交人办理接收后，应在库存现金日记账、银行存款日记账启用表上填写接收时间，并签名或盖章

D. 交接完毕后，交接双方和监交人要在出纳工作交接表中签名或盖章

5. 下列项目中，关于在出纳工作交接阶段的说法正确的有 (   )。

A. 现金、有价证券要根据出纳账和备查账簿余额进行点收，接交人发现不一致时，移交人要负责查清

B. 出纳账和其他会计资料必须完整无缺，不得遗漏，如有短缺，由移交人查明原因，在移交清册中注明，由移交人负责

C. 接交人应核对出纳账与总账、出纳账与库存现金和银行对账单的余额是否相符，如有不符，应由移交人查明原因，在移交清册中注明，并负责处理

D. 接交人按移交清册点收公章 (主要包括财务专用章、支票专用章和领导人名章) 和其他实物

6. 下列项目中，属于一般会计人员办理交接手续监交人的有 (   )。

A. 会计机构负责人

B. 会计主管人员

C. 必要时主管单位可以派人会同监交

D. 单位领导

7. 下列项目中，属于出纳工作交接要做到的两点有 (   )。

A. 移交人员与接管人员要办清手续

B. 交接过程中要有专人负责监交

C. 出纳人员交接要按照会计人员交接的要求进行

D. 做好交接工作可以使出纳工作前后衔接

8. 下列项目中，属于出纳交接三个阶段的有 (   )。

A. 交接准备   B. 交接阶段

C. 交接中期   D. 交接结束

9. 下列项目中，属于编制移交清册时需要列明的内容有（　　）。

A. 账簿　　　　　　　　　　B. 现金

C. 有价证券　　　　　　　　D. 发票、文件

10. 下列项目中，关于交接结束移交清册需要的份数说法错误的有（　　）。

A. 1 份　　　　　　　　　　B. 2 份

C. 3 份　　　　　　　　　　D. 5 份

三、判断题

1. 出纳人员交接要按照会计人员交接的要求进行。　　　　　　　　　（　　）

2. 出纳交接工作后的移交表需要存入会计档案。　　　　　　　　　　（　　）

3. 出纳工作交接前后需要做好责任事项的划分。　　　　　　　　　　（　　）

4. 接交人办理接收后，应在库存现金日记账、银行存款日记账启用表上填写接收时间，并签名和盖章。　　　　　　　　　　　　　　　　　　　　　　　　　（　　）

5. 交接完毕后，交接双方和监交人要在出纳工作交接表中签名和盖章。　（　　）

6. 在交接准备阶段，在库存现金日记账、银行存款日记账启用表上填写移交日期，并加盖单位公章。　　　　　　　　　　　　　　　　　　　　　　　　　　（　　）

7. 出纳交接的其他物品包括：办公室、办公桌与保险工具的钥匙、各种保密号码、公用会计工具等。　　　　　　　　　　　　　　　　　　　　　　　　　（　　）

8. 对于以前年度尚未销毁的会计档案不必全部移交。　　　　　　　　（　　）

9. 移交清册不包括有价证券、贵重物品移交表。　　　　　　　　　　（　　）

10. 出纳人员要保持清正廉洁、坚持原则。　　　　　　　　　　　　　（　　）

四、业务训练

WXR 公司 2021 年发生的事项如下：

1 月 20 日，持有会计职业资格证的小李从办公室调入财务科担任出纳，原出纳小张调入销售科。小李和小张在办理会计工作交接手续时，由于会计机构负责人在外地出差，由财务处一名普通会计小韦负责监交工作。在办理交接过程中，小李发现存在"白条顶库"等问题，便打电话向会计机构负责人汇报，得到的指示是先办理完交接手续，交接后由小李对"白条顶库"等问题进行排查处理。交接完成后，小李、小张及监交人小韦在移交清册上签字并盖章。

12 月 20 日，公司在进行内部审计时，发现小张在经办出纳工作期间的有关账目存在财务问题，而小李在交接时并未发现。审计人员在了解情况时，小张说，已经办理了交接手续，自己不再承担任何责任。

要求：

(1) 小李与小张在办理会计工作交接中是否有不符合规定之处？简要说明理由。

(2) 小张关于"已经办理了会计交接手续，自己不再承担任何责任"的说法是否符合规定？简要说明理由。

项目七　出纳综合业务训练

一、企业信息

企业名称：杭州 WXR 饮品有限公司。

成立时间：2019 年 1 月 1 日。

重组时间：2021 年 4 月 20 日。

重新营业时间：2021 年 5 月 1 日。

行业分类：制造业。

增值税：一般纳税人（适用税率 13%）。

纳税人识别号：913384538412790677。

会计准则：小企业会计准则。

开户银行（基本户）：中国农业银行杭州石祥路支行。

账号（基本户）：19000045797604。

公司分类：有限责任公司。

经营地址：浙江省杭州市石祥路 90 号。

经营范围：生产销售饮料、纯净水、净水器及软件维护等相关业务。

存货发出计价方法：月末一次加权平均法。

固定资产折旧方法：年限平均法。

二、业务资料

2021 年 5 月期初总账数据如表 7-1 所示。

表 7-1　2021 年 5 月期初总账数据

会计科目	金额 / 元	会计科目	金额 / 元
库存现金	12 900	短期借款	200 000
银行存款	600 000	应交税费	70 183.37
库存商品	2 487 100	实收资本	4 000 000
固定资产	900 000	未分配利润	−270 183.37
合计	4 000 000	合计	4 000 000

2021 年 5 月期初固定资产明细数据如表 7-2 所示。

表7-2　2021年5月期初固定资产明细数据

固定资产名称	规格型号	数量	单位成本/元	成本合计/元	预计净残值为原价10%	使用年限
矿泉水生产线		1	100 000	100 000		10
饮料生产线		1	200 000	200 000		10
净水器生产线		1	500 000	500 000		10
管理办公电脑		10	6 000	60 000		3
管理复印机		2	20 000	40 000		3
合计				900 000		

2021年5月期初库存商品明细数据如表7-3所示。

表7-3　2021年5月期初库存商品明细数据

库存商品名称	规格型号	库存数量/箱	单位成本/元	成本合计/元
矿泉水	大	10 200	8	81 600
	中	15 500	13	201 500
	小	10 000	16	160 000
雪碧	中	2 000	15	30 000
橙汁	中	2 000	17	34 000
净水器	S310	600	1 800	1 080 000
	S320	450	2 000	900 000
合计				2 487 100

【经济业务1】

2021年5月5日，公司向杭州WXR超市销售矿泉水一批，并开具增值税专用发票一份，不含税金额为58 200元，增值税为7 566元，款项已通过银行转账收取（如图7-1～图7-4所示）。

图7-1　增值税专用发票

产成品出库单

领用单位：杭州WXR超市　　　2021 年 05月 05日　　　编号：001

产品名称	规格型号	计量单位	出库数量	备注
矿泉水	大	箱	1000	
矿泉水	中	箱	1500	
矿泉水	小	箱	800	
			教学用	

主管：张子涵　　审核：张易元　　保管：王致远　　经手人：李强

图 7-2　产成品出库单

中国农业银行进账单（回单）　　1

2021 年 05月 05日

出票人	全称	杭州WXR超市	收款人	全称	杭州WXR饮品有限公司									
	账号	3301040107327456		账号	19000045797604									
	开户银行	杭州银行江城支行		开户银行	中国农业银行杭州石祥路支行									

金额	人民币（大写）陆万伍仟柒佰陆拾陆元整	千	百	十	万	千	百	十	元	角	分
				¥	6	5	7	6	6	0	0

票据种类　转账支票　　　票据张数　1

票据号码　01832743

教学用

复核　　　记账

此联是收款人开户银行交给收款人的收账通知

图 7-3　银行进账单

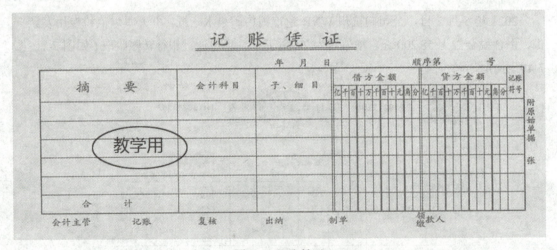

图 7-4　记账凭证

【经济业务2】

2021 年 5 月 7 日，公司通过杭州市红十字会向抗震救灾地区捐赠 124 710.00 元（如图
7-5～图7-8 所示）。

杭州WXR饮品有限公司 报账（付款）审批单

部门：办公室　　　　　　　2021年05月07日

经手人	焦吉华	事由	红十字会抗震救灾捐款
项目名称	金额（元）	付款（结算）方式	备注
公益救济性捐赠	124710.00	转账支票	教学用
合计	124710.00		
单位负责人审批	财务主管	部门领导	出纳员
同意。张广泉	同意。张易元	同意。特仁玲	同意。吴春芳

图7-5　报账审批单

杭州市行政事业单位收款收据

浙江 收据联

发票代码 33000002
发票号码 34502800

单位或个人名称：杭州WXR饮品有限公司　　2021 年 05 月 07 日

项目	单位	数量	收费标准	百	十	万	千	百	十	元	角	分	备注
抗震救灾捐款					1	2	4	7	1	0	0	0	
								教学用					
合计金额：人民币（大写）壹拾贰万肆仟柒佰壹拾元整				¥	1	2	4	7	1	0	0	0	

收款单位：（章）　　　　开票人：赵大明　　　　　　收款人：王爱红

图7-6　收款收据

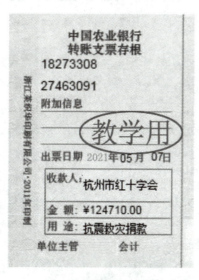

图7-7　转账支票存根

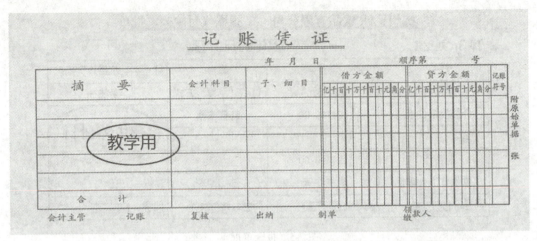

图 7-8　记账凭证

【经济业务 3】

2021 年 5 月 8 日，公司销售部职员鲍巩英向公司预借 3 000.00 元差旅费，出纳使用现金支付 (如图 7-9～图 7-10 所示)。

杭州WXR饮品有限公司　　借款单

2021　年05月08日

借款单位：销售部		
借款理由：预借差旅费		
借款金额：人民币（大写）叁仟元整		￥：3000.00
本部门负责人意见：同意。	借款人签字：鲍巩英	
会计主管审批：同意。	付款方式：现金	出纳：

图 7-9　借款单

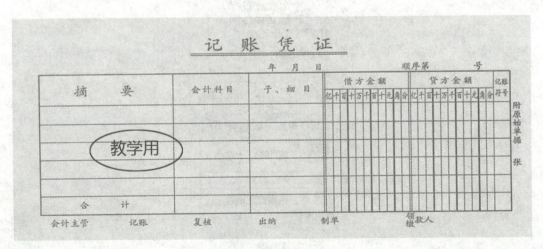

图 7-10　记账凭证

【经济业务 4】

2021 年 5 月 10 日，公司使用银行转账支付杭州 YY 广告有限公司 5 月份的广告费，共计 16 642.00 元，取得增值税专用发票一份 (如图 7-11～图 7-14 所示)。

图 7-11　增值税专用发票

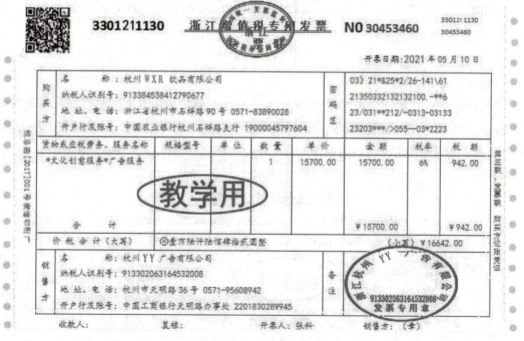

图 7-12　增值税专用发票

图 7-13 转账支票存根

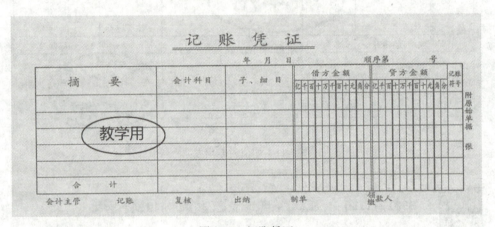

图 7-14 记账凭证

【经济业务 5】

2021 年 5 月 10 日，公司发现 2019 年 4 月入账的应付唐山 YY 商贸有限公司的货款 42 000.00 元还未支付，经查明，是由于该公司已于 1 年前破产，因此，该款项已无法支付。经公司董事会讨论决定，将该款项作为营业外收入处理（如图 7-15、图 7-16 所示）。

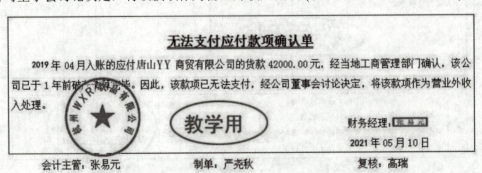

图 7-15 确认单

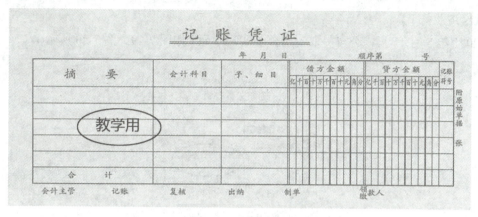

图 7-16　记账凭证

【经济业务 6】

2021 年 5 月 10 日，以银行存款缴纳上月增值税 70 183.37 元 (如图 7-17、图 7-18 所示)。

电子缴税付款凭证

转账日期: 2021 年 05 月 10 日　　　　凭证字号: 304850809

纳税人全称及纳税人识别号: 杭州 WXR 饮品有限公司　9133845384 12790677

付款人全称: 杭州 WXR 饮品有限公司

付款人账号: 19000045797604　　　　征收机关名称: 杭州余杭区国家税务局

付款人开户银行: 中国农业银行杭州石祥路支行　收款国库（银行）名称: 杭州商业银行

小写（合计金额）: ¥70183.37　　　　缴款书交易流水号: 82038802

大写（合计金额）: 人民币柒万零壹佰捌拾叁元叁角柒分

税、费 税号: 9133845384 12790677

税款属期: 年 04 月

税（费）种名称　增值税

实缴金额: 70183.37

第 1 次打印　　　　　　　　　　打印日期: 2021 年 05 月 10 日

第二联作付款回单（无银行收讫章无效）　　　复核　　　记账

图 7-17　电子缴税付款凭证

图 7-18　记账凭证

【经济业务 7】

2021 年 5 月 11 日，公司提取备用金 8 000.00 元 (如图 7-19、图 7-20 所示)。

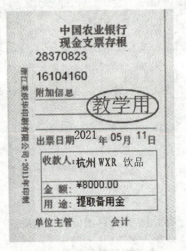

图 7-19　现金支票存根

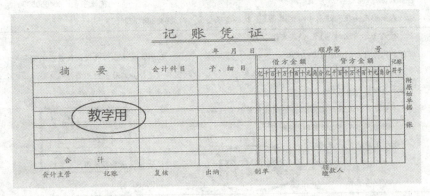

图 7-20　记账凭证

【经济业务 8】

2021 年 5 月 12 日，行政管理部门职员张玮报销购买办公用品的费用，共计 4 859.00 元，出纳通过银行付讫 (如图 7-21～图 7-23 所示)。

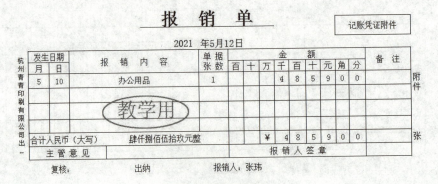

图 7-21　报销单

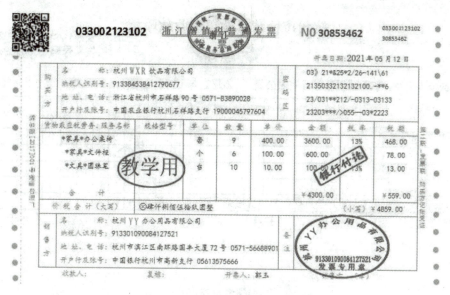

图 7-22 增值税普通发票

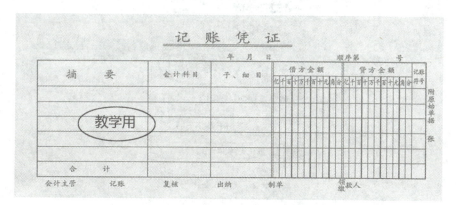

图 7-23 记账凭证

【经济业务 9】

2021 年 5 月 12 日，公司缴纳消防不达标罚款，共计 34 347.00 元（如图 7-24～图 7-27 所示）。

杭州 WXR 饮品有限公司　报账（付款）审批单

部门：办公室　　　　　　　　2021 年 05 月 12 日

经手人	焦吉华	事由	缴纳消防不达标罚款
项目名称	金额（元）	付款（结算）方式	备注
罚没支出	34347.00	转账支票	
合计	34347.00		
单位负责人审批	财务主管	部门领导	出纳员
同意。	同意。	同意。	同意。

图 7-24 报账审批单

杭州市行政事业单位收款收据

收据联

发票代码 33000002
发票号码 35502896

单位或个人名称：杭州 WXR 饮品有限公司　　2021 年 05 月 12 日

项目	单位	数量	收费标准	百	十	万	千	百	十	元	角	分	备注
消防不达标罚款						3	4	3	4	7	0	0	
合计金额：人民币（大写）叁万肆仟叁佰肆拾柒元整				¥	3	4	3	4	7	0	0		

收款单位：（章）　　　　　　开票人：刘义　　　　　　收款人：王大可

图 7-25　收款收据

图 7-26　转账支票存根

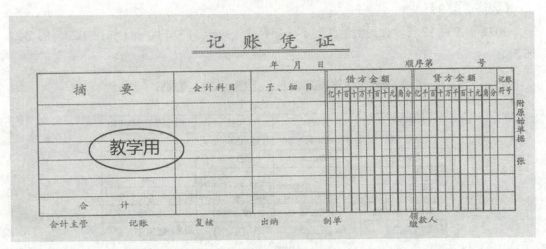

图 7-27　记账凭证

【经济业务 10】

2021 年 5 月 13 日，公司安排财务部员工参加由杭州市 YY 大学组织的财税培训，通过银行转账支付培训费，共计 19 080.00 元，取得增值税专用发票一份 (如图 7-28～图 7-32 所示)。(通过"管理费用 – 职工教育经费"科目进行会计核算)

图 7-28　报账审批单

图 7-29　增值税专用发票

图 7-30　增值税专用发票

图 7-31　转账支票存根

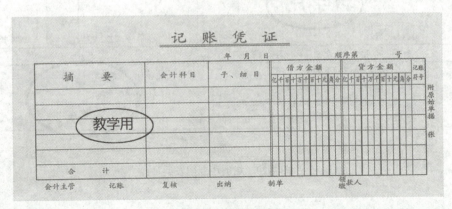

图 7-32　记账凭证

【经济业务 11】

2021 年 5 月 13 日，公司从杭州市 YY 工具有限公司购入模具及刀具各 10 套，款项共计 86 671.00 元，取得增值税专用发票一份，款项已通过银行转账支付 (如图 7-33～图 7-38 所示)。

杭州 WXR 饮品有限公司　　报账（付款）审批单

部门：办公室　　　　　　　　2021 年 05 月 13 日

经手人	焦吉华	事由	向 YY 工具有限公司购进模具和刀具
项目名称	金额（元）	付款（结算）方式	备注
周转材料款	86671.00	转账支票	教学用
合计	86671.00		
单位负责人审批	财务主管	部门领导	出纳员
同意。张广泉	同意。张易元	同意。铪仁珍	同意。吴春男

图 7-33　报账审批单

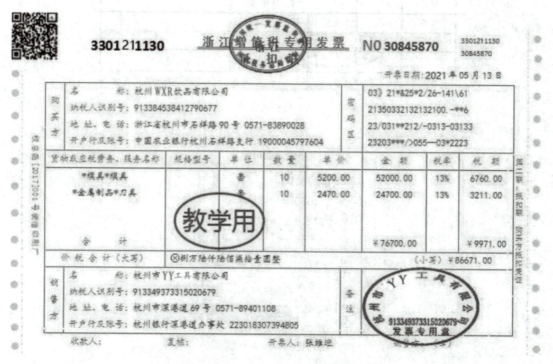

图 7-34　增值税专用发票

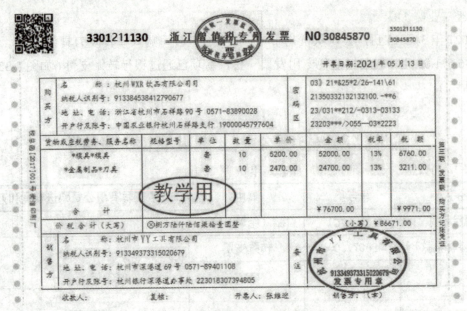

图 7-35　增值税专用发票

入库单

送货厂商：杭州市YY工具有限公司

物料类别：□原材料　□成品　☑其他　　　2021 年 05 月 13 日

品名/品牌	订单号	规格	数量	单位	单价	金额
模具			10	套		
刀具			10	套		

主管：　　　　品管：　　　　仓库：　　　　送货人：王明

图 7-36　入库单

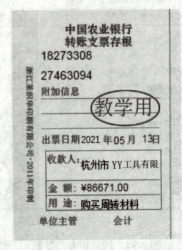

图 7-37　转账支票存根

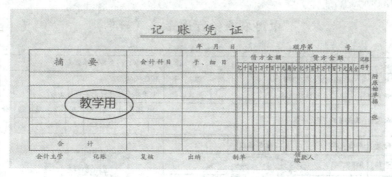

图 7-38　记账凭证

【经济业务 12】

2019 年 5 月 14 日，公司向杭州 YY 超市销售雪碧及橙汁一批，货款共计 4 407.00 元，开具增值税专用发票一份，款项已通过银行转账收取（如图 7-39～图 7-42 所示）。

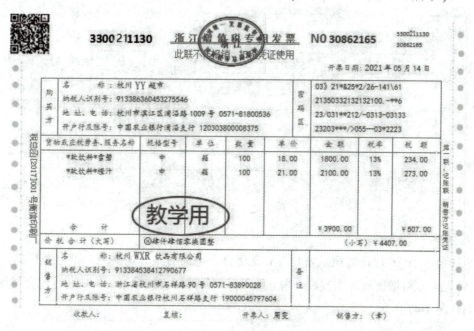

图 7-39　增值税专用发票

产成品出库单

领用单位：杭州 YY 超市　　2021 年 05 月 14 日　　　　编号：002

产品名称	规格型号	计量单位	出库数量	备注
雪碧	中	箱	100	
橙汁	中	箱	100	

主管：张子涵　　审核：张易元　　保管：王致远　　经手人：李强

图 7-40　出库单

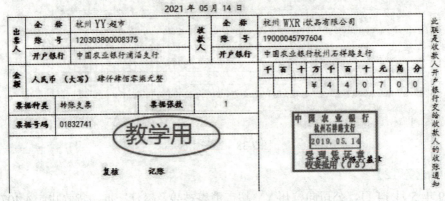

图 7-41　进账单

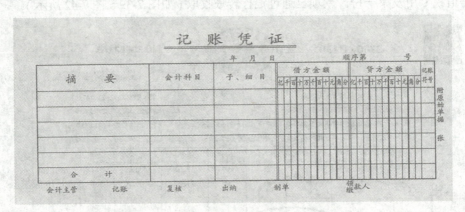

图 7-42　记账凭证

【经济业务 13】

2021 年 5 月 16 日，公司从杭州 YY 文化办公用品有限公司购入一批办公用品，共计 2 429.50 元，取得增值税专用发票一份，购入后，各部门直接领用，款项通过现金付讫 (如图 7-43～图 7-47 所示)。

杭州 WXR 饮品有限公司　报账（付款）审批单

部门：办公室　　　　　2021 年 05 月 16 日

经手人	焦吉华	事由	购买办公用品
项目名称	金额（元）	付款（结算）方式	备注
办公费	2429.50	现金，冲销备用金	各车间、部门直接领用。
合计	2429.50		
单位负责人审批	财务主管	部门领导	出纳员
同意。	同意。	同意。	同意。

图 7-43　报账审批单

图 7-44　增值税专用发票

图 7-45　增值税专用发票

办公用品领用表

2021 年 05 月 16 日

领用部门	打印机		硒鼓		金额合计	签字	备注
	数量	金额	数量	金额			
机修车间	1	600	1	95.00	695.00		
动力车间	1	600	1	95.00	695.00		
财务部			4	380.00	380.00		
销售部			4	380.00	380.00		
合计	2	1200	10	950.00	2150.00		

财务主管：张易元　　　　　　制单：严尧秋　　　　　　记账：高瑞

图 7-46　办公用品领用表

图 7-47　记账凭证

【经济业务 14】

2019 年 5 月 16 日，公司向 YY 集团股份有限公司销售 5 台净水器 S320，不含税单价为 3 000.00 元，开具增值税专用发票一份，款项通过银行转账收取 (如图 7-48～图 7-51 所示)。

图 7-48　增值税专用发票

产成品出库单

领用单位：YY集团股份有限公司　　　2021 年 05 月 16 日　　　编号：003

产品名称	规格型号	计量单位	出库数量	备注
净水器	S320	台	5	

主管：张子涵　　　审核：张易元　　　保管：王致远　　　经手人：李强

图 7-49　出库单

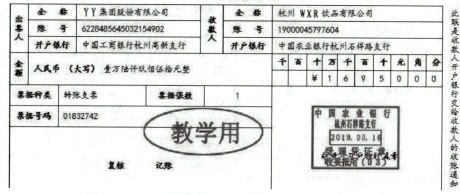

图 7-50　进账单

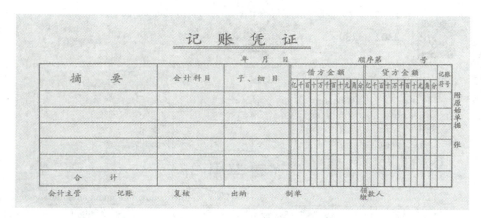

图 7-51　记账凭证

【经济业务 15】

2021 年 5 月 16 日，公司支付杭州 YY 建筑有限公司房屋修理费，共计 16 350.00 元，取得增值税专用发票一份，款项通过银行转账支付（如图 7-52～图 7-56 所示）。

图 7-52 转账支票存根

杭州WXR饮品有限公司　　报账（付款）审批单

部门：办公室　　　　　2021 年 05 月 16 日

经手人	焦吉华	事由	支付房屋修理费
项目名称	金额（元）	付款（结算）方式	备注
管理费用-修理费	16350.00	转账支票	教学用
合计	16350.00		
单位负责人审批	财务主管	部门领导	出纳员
同意。张广惠	同意。张易元	同意。符仁珍	同意。吴存芳

图 7-53 报账审批单

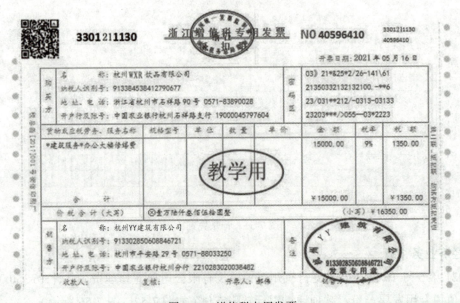

图 7-54 增值税专用发票

图 7-55　增值税专用发票

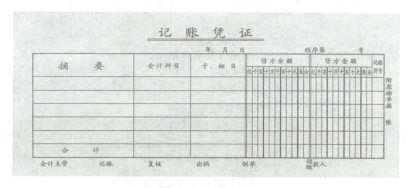

图 7-56　记账凭证

【经济业务 16】

2021 年 5 月 16 日，公司支付杭州市 YY 展览中心产品展览费共计 4 240.00 元，取得增值税普通发票一份，款项已通过银行转账支付 (如图 7-57～图 7-60 所示)。

杭州WXR饮品有限公司　　报账（付款）审批单

部门：办公室　　　　2021　年 05 月 16 日

经手人	焦吉华	事由	支付展览费
项目名称	金额（元）	付款（结算）方式	备注
销售费用	4240.00	转账支票	教学用
合计	4240.00		
单位负责人审批	财务主管	部门领导	出纳员
同意。张广晨	同意。张易元	同意。符仁玲	同意。吴春列

图 7-57　报账审批单

图 7-58　增值税普通发票

图 7-59　转账支票存根

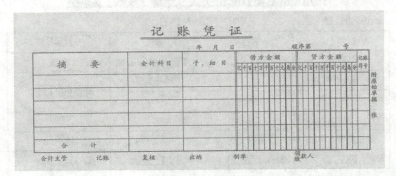

图 7-60　记账凭证

【经济业务 17】

2021 年 5 月 17 日，公司预付杭州 YY 机电有限公司货款 260 000.00 元 (如图 7-61～图 7-63 所示)。

<u>杭州 WXR 饮品有限公司</u>　　报账（付款）审批单

部门：销售部　　　　　　　2021　年 05 月 17 日

经手人	包薇薇	事由	预付杭州 YY 机电有限公司货款
项目名称	金额（元）	付款（结算）方式	备注
预付账款	260000.00	转账支票	教学用
合计	260000.00		
单位负责人审批	财务主管	部门领导	出纳员
同意。张广亚	同意。张易元	同意。黄华南	同意。区春芳

图 7-61　报账审批单

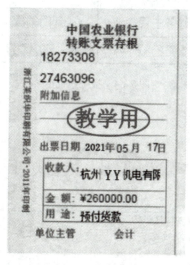

图 7-62　转账支票存根

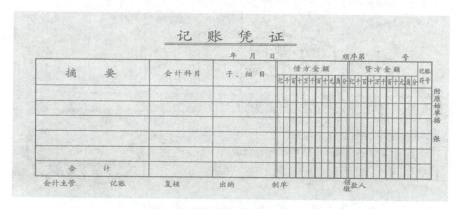

图 7-63　记账凭证

【经济业务 18】

2021 年 5 月 17 日，公司组织行政管理部门职工到杭州市华山人民医院进行体检，支付体检费 13 250.00 元，取得增值税普通发票一份，款项通过银行转账支付 (如图 7-64～图 7-67 所示)。

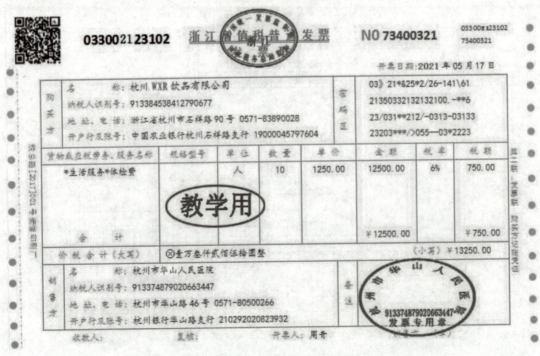

杭州 WXR 饮品有限公司　　　报账（付款）审批单

部门：办公室　　　　　　2021　年 05 月 17 日

经手人	焦吉华	事由	支付职工体检费
项目名称	金额（元）	付款（结算）方式	备注
职工福利费	13250.00	转账支票	按规定用于职工福利的进项税额不得抵扣
合计	13250.00		
单位负责人审批	财务主管	部门领导	出纳员
同意。张广泉	同意。张易元	同意。特仁珍	同意。吴春芳

图 7-64　报账审批单

图 7-65　增值税普通发票

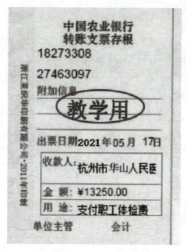

图 7-66 转账支票存根

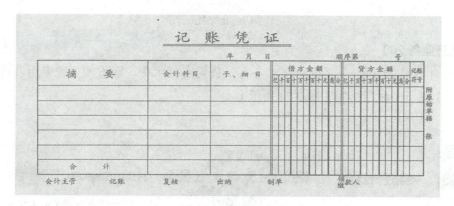

图 7-67 记账凭证

【经济业务 19】

2021 年 5 月 20 日，公司收到银行存款利息收入 450.60 元（如图 7-68、图 7-69 所示）。

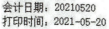

中国农业银行业务回单

入账日期：20210520　　　　　　回单编号：37660455130904472205　　第 1 次打印
付款方账号：3561　　　　　　　　付款方多级账簿号：
付款方多级账簿名：
付款方户名：
付款方开户行：
收款方账号：19000045797604　　　收款方多级账簿号：
收款方户名：杭州 WXR 饮品有限公司
收款方多级账簿名：
收款方开户行：中国农业银行杭州石祥路支行
币种：人民币　　　　　　　　　　金额：￥450.60
金额（大写）：肆佰伍拾元陆角整
交易时间：2021-05-20 16:30:37　　日志号：287130905
附言：利息收入
会计日期：20210520　　　　　　　渠道：国库信息处理系统　　　摘要：公共缴费
打印时间：2021-05-20

图 7-68 银行业务回单

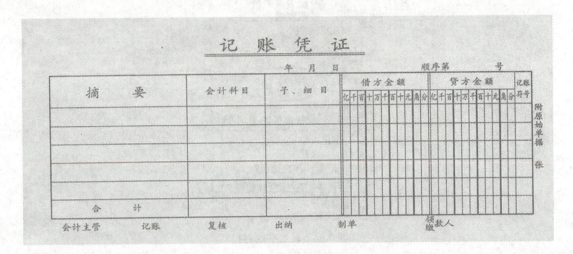

图 7-69　记账凭证

【经济业务 20】

2021 年 5 月 21 日，公司向杭州水务有限公司支付水费，取得增值税专用发票一份，共计 7 893.78 元 (如图 7-70～图 7-74 所示)。

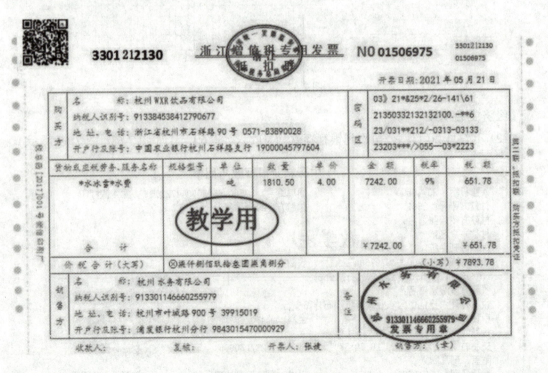

图 7-70　增值税专用发票

图 7-71　增值税专用发票

水费分配表

2021 年 05 月 21 日

部门	吨	分配率	金额
机修车间	852.50	4.00	3410.00
动力车间	786.80	4.00	3147.20
行政管理部门	54.20	4.00	216.80
销售部门	72.00	4.00	288.00
财务部	45.00	4.00	180.00
合　计	1810.50		7242.00

图 7-72　水费分配表

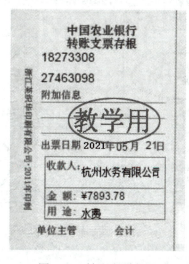

图 7-73　转账支票存根

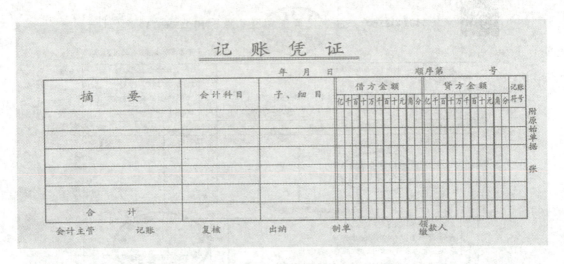

图 7-74　记账凭证

【经济业务 21】

2021 年 5 月 21 日，公司向杭州市电力有限公司支付电费，取得增值税专用发票一份，共计 70 983.89 元 (如图 7-75～图 7-79 所示)。

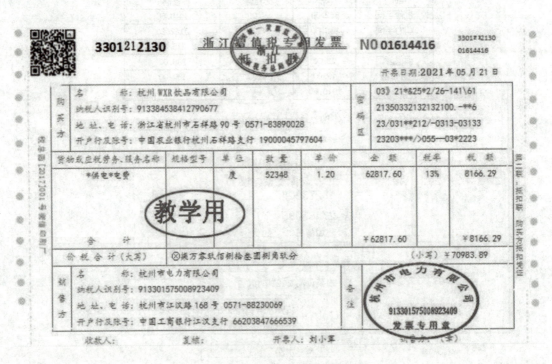

图 7-75　增值税专用发票

图 7-76　增值税专用发票

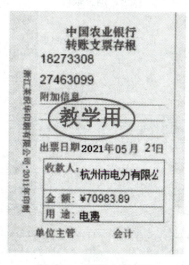

图 7-77　电费分配表

图 7-78　转账支票存根

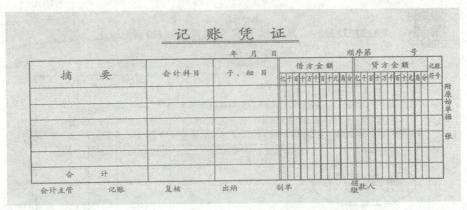

图 7-79　记账凭证

【经济业务 22】

2021 年 5 月 22 日，公司支付银行手续费 181.50 元 (如图 7-80、图 7-81 所示)。

中国农业银行业务回单

入账日期：20210522　　　　　回单编号：37720581082123790272　第 1 次打印
付款方账号：19000045797604　　付款方多级账簿号：
付款方多级账簿名：
付款方户名：杭州 WXR 饮品有限公司
付款方开户行：中国农业银行杭州石祥路支行
收款方账号：　　　　　　　　　收款方多级账簿号：
收款方户名：
收款方多级账簿名：
收款方开户行：
币种：人民币　　　　　　　　　金额：181.50 元
金额（大写）：壹佰捌拾壹元伍角整
交易时间：2021-05-22 23:26:17　日志号：581082123　　　状态：正常
附言：付手续费
会计日期：20210522　　　　　　渠道：网上银行　　　　　摘要：费用外收
打印时间：2021-05-22

图 7-80　银行业务回单

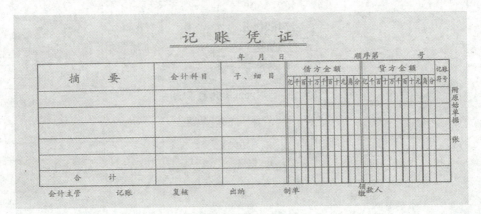

图 7-81　记账凭证

【经济业务 23】

2021 年 5 月 23 日，公司向 YY 包装物商行销售商品一批，货款共计 11 119.20 元，开具增值税普通发票一份，款项暂未收取 (如图 7-82～图 7-84 所示)。

图 7-82　增值税普通发票

产成品出库单

领用单位：YY 包装物商行　　　2021 年 05 月 23 日　　　编号：004

产品名称	规格型号	计量单位	出库数量	备注
矿泉水	中	箱	50	
矿泉水	小	箱	200	
矿泉水	大	箱	20	
雪碧	中	箱	100	
橙汁	中	箱	100	

主管：张于涵　　　审核：张易元　　　保管：王致远　　　经手人：李强

图 7-83　出库单

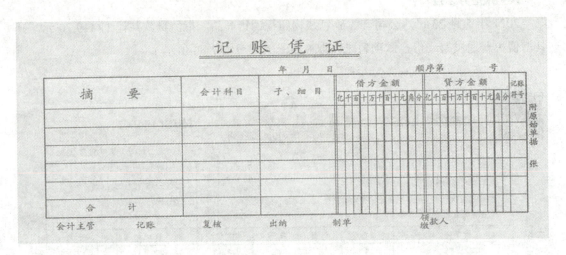

图 7-84　记账凭证

【经济业务 24】

2021 年 5 月 25 日，公司向成都 YY 实业有限公司销售净水器一批，货款共计 305 100.00 元，开具增值税普票发票一份，款项已通过银行转账收取 (如图 7-85～图 7-88 所示)。

图 7-85　增值税普通发票

产成品出库单

领用单位：成都 YY 实业有限公司　　　　2021 年 05 月 25 日　　　　编号：005

产品名称	规格型号	计量单位	出库数量	备注
净水器	S310	台	60	
净水器	S320	台	40	

主管：张子涵　　　　审核：张易元　　　　保管：王致远　　　　经手人：李强

图 7-86　出库单

中国农业银行进账单（回单）　　　1

2021 年 05 月 25 日

出票人	全　称	成都 YY 实业有限公司	收款人	全　称	杭州 WXR 饮品有限公司										
	账　号	65060142006000501		账　号	19000045797604										
	开户银行	建行成都市双林路支行		开户银行	中国农业银行杭州石祥路支行										
金额	人民币 （大写）叁拾万伍仟壹佰元整				千	百	十	万	千	百	十	元	角	分
					¥	3	0	5	1	0	0	0	0	0
票据种类	转账支票		票据张数	1										
票据号码	01832741													

复核　　　记账

（中国农业银行 杭州石祥路支行 2019.05.25 银行盖章 收讫 收费专用（03））

此联是收款人开户银行交给收款人的收账通知

图 7-87　进账单

记 账 凭 证

年　月　日　　　　　顺序第　　　号

摘　　要	会计科目	子、细目	借方金额											贷方金额											记账符号
			亿	千	百	十	万	千	百	十	元	角	分	亿	千	百	十	万	千	百	十	元	角	分	
合　　计																										

会计主管　　记账　　　复核　　　出纳　　　制单　　　领款人 缴款

附原始单据　张

图 7-88　记账凭证

【经济业务 25】

2021 年 5 月 26 日，因车库建造工程，公司从杭州 YY 建材有限公司购入所需的水泥 10 吨，货款共计 5 085.00 元，取得增值税专用发票一份，款项已通过银行转账支付 (如图 7-89～图 7-93 所示)。

杭州WXR 饮品有限公司　　报账（付款）审批单

部门：办公室　　　　　　2021 年 05 月 26 日

经手人	焦吉华	事由	支付材料款
项目名称	金额（元）	付款（结算）方式	备注
在建工程	5085.00	转账支票	教学用
合计	5085.00		
单位负责人审批	财务主管	部门领导	出纳员
同意。张广宗	同意。张易元	同意。特仁珍	同意。吴春芳

图 7-89　报账审批单

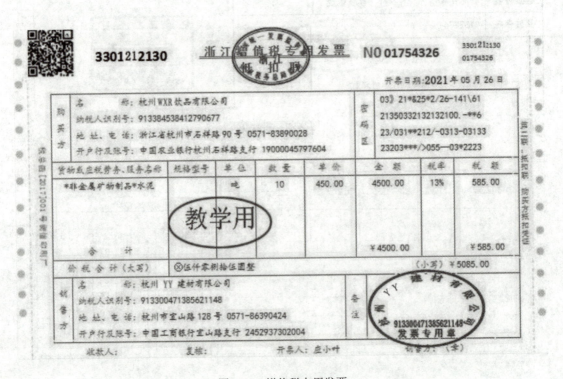

图 7-90　增值税专用发票

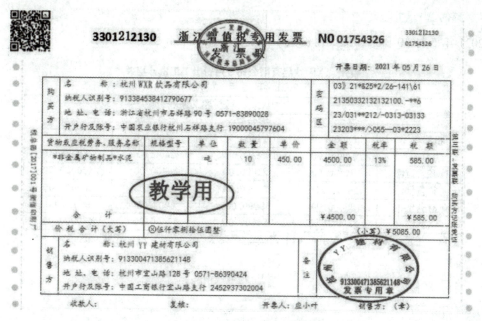

图 7-91　增值税专用发票

图 7-92　转账支票存根

图 7-93　记账凭证

【经济业务 26】

2021 年 5 月 30 日，计提 5 月份员工工资 (如图 7-94、图 7-95 所示)。

杭州 WXR 饮品有限公司 5月份员工工资计提表

2021 年 05 月 30 日

车间或部门	应付职工薪酬			
	基本工资	综合奖金	岗位津贴	合计
机修车间	56000.00	14400.00	9600.00	80000.00
动力车间	14000.00	3600.00	2400.00	20000.00
行政管理部	84000.00	21600.00	14400.00	120000.00
销售部	140000.00	36000.00	24000.00	200000.00
财务部	35000.00	9000.00	6000.00	50000.00
合计	329000.00	84600.00	56400.00	470000.00

财务主管：张易元　　制单：严尧秋　　　　记账：高瑞

图 7-94　工资计提表

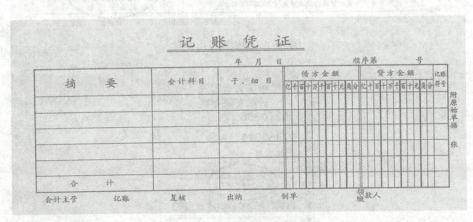

图 7-95　记账凭证

【经济业务 27】

2021 年 5 月 30 日，计提公司缴纳的社保费和住房公积金 (如图 7-96、图 7-97 所示)。

杭州 WXR 饮品有限公司 5月份社保及公积金计提表

2021 年 05 月 30 日

车间或部门	基本养老保险（公司）	基本医疗保险（公司）	失业保险（公司）	生育保险（公司）	工伤保险（公司）	公积金（公司）	合计
机修车间	11200.00	6400.00	1600.00	640.00	800.00	8000.00	28640.00
动力车间	2800.00	1600.00	400.00	160.00	200.00	2000.00	7160.00
行政管理部	16800.00	9600.00	2400.00	960.00	1200.00	12000.00	42960.00
销售部	28000.00	16000.00	4000.00	1600.00	2000.00	20000.00	71600.00
财务部	7000.00	4000.00	1000.00	400.00	500.00	5000.00	17900.00
合计	65800.00	37600.00	9400.00	3760.00	4700.00	47000.00	168260.00

财务主管：张易元　　制单：严尧秋　　　　记账：高瑞

图 7-96　公积金计提表

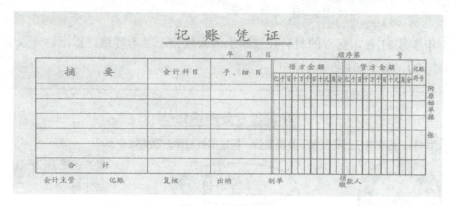

图 7-97 记账凭证

【经济业务 28】

2021 年 5 月 30 日，公司在财产清查中发现盘亏水果一批，实际成本为 1 700.00 元，相关增值税专用发票上注明的增值税税额为 153.00 元，盘亏原因待查 (如图 7-98、图 7-99 所示)。

材料盘盈盘亏报告表

2021 年 05 月 30 日

材料名称	计量单位	数量				实际成本合计
		账存	实存	盘盈	盘亏	
水果	斤	40	5		35	1700.00
合计						1700.00

进项税额转出：1700*9%=153.00（元）

保管员：刘健涛 制单：严尧秋 记账：高瑞

图 7-98 盘亏报告表

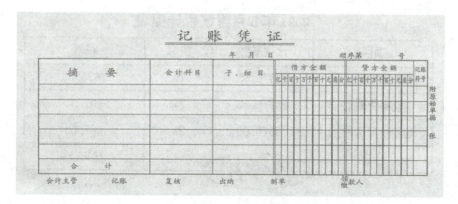

图 7-99 记账凭证

【经济业务 29】

2021 年 5 月 31 日，盘亏的材料经查属于因天气突下暴雨导致，报批后计入营业外支出（如图 7-100、图 7-101 所示）。

存货盘亏处理通知单

盘亏的材料，经查属于因天气突下暴雨导致，报经审批后计入营业外支出。

财务经理：张易元

2021 年 05 月 31 日

制单：严尧秋

图 7-100　处理通知单

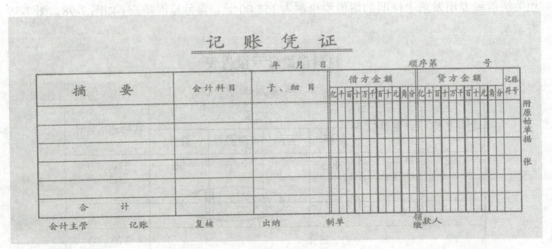

图 7-101　记账凭证

【经济业务 30】

2021 年 5 月 31 日，计提公司 5 月份附征税（如图 7-102、图 7-103 所示）。

2021年5月附征税计提表

项目	计税基数	税率	税额
城市维护建设税	23376.63	7%	1636.36
教育费附加	23376.63	3%	701.30
地方教育费附加	23376.63	2%	467.53
合计			2805.19

制表人：严尧秋

图 7-102　附征税计提表

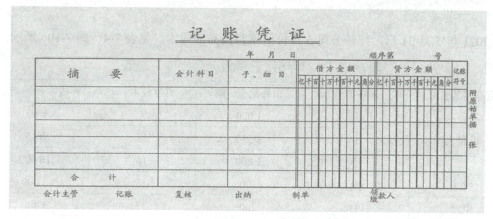

图 7-103　记账凭证

【经济业务 31】

2021 年 5 月 31 日，结转公司 5 月份未交增值税（如图 7-104 所示）。

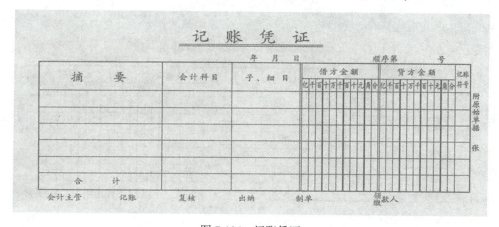

图 7-104　记账凭证

【经济业务 32】

2021 年 5 月 31 日，计提公司 5 月份固定资产折旧（如图 7-105 所示）。

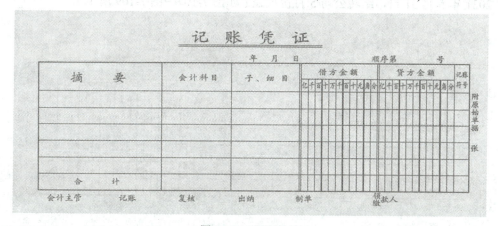

图 7-105　记账凭证

【经济业务 33】

2021 年 5 月 31 日，结转公司 5 月份已销售商品的成本，见表 7-4、图 7-106 所示。

表7-4　2021年5月已销售商品出库汇总表

库存商品名称	规格型号	出库数量 / 箱	单位成本 / 元	成本合计 / 元
矿泉水	大	1 020	8	8 160
	中	1 550	13	20 150
	小	1 000	16	16 000
雪碧	中	200	15	3 000
橙汁	中	200	17	3 400
净水器	S310	60	1 800	108 000
	S320	45	2 000	90 000
合计				248 710

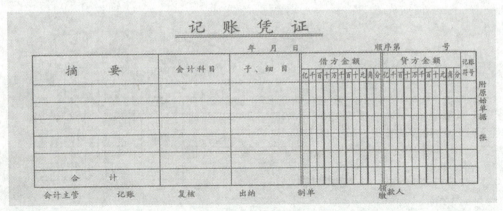

图 7-106　记账凭证

【经济业务 34】

2021 年 5 月 31 日，结转公司 5 月份损益（如图 7-107～图 7-109 所示）。

图 7-107　记账凭证

图 7-108 现金日记账

图 7-109 银行存款日记账

参 考 文 献

[1] 施海丽，张立俊 . 出纳实务与实训 [M]. 2 版 . 北京：清华大学出版社，2014.

[2] 姜亚琼 . 出纳实务 [M]. 北京：中国人民大学出版社，2017.

[3] 常红 . 出纳实务 [M]. 北京：清华大学出版社，2019.

[4] 韦绪任 . 会计基础与实训 [M]. 天津：天津科学技术出版社，2020.

[5] 林依娴 . 出纳实务 [M]. 北京：中国人民大学出版社，2020.

[6] 李霞 . 出纳实务 [M]. 北京：中国科学技术大学出版社，2021.

[7] http://www.pbc.gov.cn/(中国人民银行官网).